蔡國強
Cai Guo-Qiang

蔡國強
Cai Guo-Qiang

藝術家出版社

Timothy Greenfield-Sanders／攝

目錄

6　　沒有發生過多好，一切好像是假的
　　　——馬文與蔡國強的訪談
　　　文／馬文

24　　一年幻化成十五秒
　　　——蔡國強的〈移動的彩虹〉
　　　文／莉莉安・同尼（Lilian Tone）

30　　Part I 爆破作品

92　　用神祕創造神祕
　　　——蔡國強的「火藥畫」
　　　文／高名潞

96　　Part II 火藥草圖與油畫作品

140　業餘的亂搞
　　　——關於蔡國強的作品
　　　文／費大為

146　Part III 裝置作品

254　江湖論藝
　　　——蔡國強的魔法術
　　　文／倪再沁

260　附錄一　蔡國強作品年表

268　附錄二　蔡國強出版年表

285　附錄三　蔡國強作品於世界各地的主要收藏者

沒有發生過多好，一切好像是假的

馬文與蔡國強的訪談

馬文

馬文擔任蔡國強工作室的主任多年，雙方配合密切，此次在出書之際，馬文以一個長期觀察者的身分和蔡國強對談這些年來的創作背景和理念。訪談地點位於美國麻州當代美術館。（編按）

馬文（以下簡稱「馬」）：我們從這次在麻州當代美術館的展覽「不合時宜」談起，和你做展覽五年，我認為這次的作品與以往作品不同，以前作品好玩，有顛覆性。這次似乎不合時宜，反主流，你的態度認真。

蔡國強（以下簡稱「蔡」）：還是有好玩的因素，汽車空翻、插箭老虎、布景，還是挺好玩。但總體上，觀眾對這次的作品可能感覺不太舒服。

不合時宜：舞台一
個展：不合時宜 2004
美國北亞當
麻州當代美術館

馬：說到「不合時宜」，你是從什麼角度看這次作品的？

蔡：兩個不合時宜。一是「九一一事件」加上伊拉克戰爭，人們對恐怖主義的一致堅決譴責，態度的一邊倒；二是與當年參與反越戰和種族歧視的熱潮相比，九〇年代以來，藝術界不太關心社會政治問題，作品的遊戲性多，我也不例外，多做參與性藝術。加上藝術家經濟狀況比以前好，忙於藝術體系內的活動，在活動中可以獲得贊助、出書，作品也參加拍賣，基金會體制也趨於成熟。在譴責恐怖主義和藝術趨向輕鬆的背景下，我做自殺性爆炸有點政治不正確，有「不合時宜」之嫌。包括殺老虎這件事，在過去人的力量單薄時，是英雄之舉；但現在，人如洪水，武器強大，動物數量減少。從環保角度看，殺老虎是虐待動物，不合時宜。此外，從對觀眾的心理影響角度看，也有不合時宜之嫌，作品會引發他們其他的擔憂和對暴力恐怖的不安，而不僅僅是觀看作品時獲得的視覺「美感」。

馬：你的時代廣場錄影作品（編按：指「不合時宜」中的作品〈幻覺〉）展出前，在美術館內部董事會成員中引起了很大的震動和爭議。有人指責藝術家有利用創傷性事件為自己出名之嫌。你是怎麼看這一爭議和誤解的？

蔡：我在之前也有這方面的考慮，會有人不高興，在美術館爭取贊助時，我已和他們打了招呼，有些基金會從宗教、文化、民族和國家的角度出發，可能不大想贊助。如果有朋友家人在九一一事件中被害，人們在看作品時感情上會有所反應。但他們有些誇大了我的作品的直接性，我的出發點不是九一一事件本身，而是事件以後文化和思考上的單向性問題。九一一事件前，人們對以巴問題、對別的文化宗教的態度，尤其是西方世界如何看伊斯蘭社會的問題，有更多的關心；但九一一事件後，處於被害者的立場，人們不再談論這些話題，對阿拉伯青年層出無窮的自殺炸彈事件一概反感。我認為藝術不能直接改造社會，不是用作品來表態事情的對錯，但是可以透過作品給人們新的思考問題的角度。因此這些作品總體上給人在感情上和理性上有困難和矛盾。

馬：另一個困難點是不是面對持單一性觀點的美國觀眾，如何從美學上為他們提供另外一種思考的可能？
蔡：總之，藝術大都在政治上不太正確，否則就成了社會普遍價值觀的直接推銷者。藝術更多的是站在一個模糊、困難的地帶。卻又常常引導人們注意到事情的兩面性，使人們用單一價值觀思考變得困難，這種困難性引發更多思考。

馬：有些觀眾提到他們並沒有意識到汽車的作品與自殺爆炸有關聯。美國有強大的汽車文化，好萊塢影片常以追車爆炸來製造高潮。這在爆炸事件之前早已存在。這可能和觀眾群的多樣性，以及長久的汽車文化有關。
蔡：這個情形應該和我的作品說明書尚未印出有關係。但我對這種說法並不吃驚，就像2002年在紐約作的那件〈移動的彩虹〉，也並不是所有的人都意識到與九一一事件的關聯。同時期的人並不一定都意識到，藝術不是那麼「白」。

馬：你說到作品說明，但藝術品應有自己的力量，需要藉附加的東西來協助表達嗎？
蔡：本來藝術不需要那些，但對有些人是需要的，不然他們會抱怨不理解作品。策劃人可以幫忙，但有時會做錯或做過頭，藝術其實不需要太多附加的東西，做了，存在著，總會有人理解。

馬：〈舞台一：車〉這件作品的空間相當長。
蔡：是的，18×100公尺。

馬：形式很像中國的長卷，你還展出你父親的長卷。這裡涉及對空間的閱讀吧。
蔡：我的創作內容，首先是從自己關注的事情出發，一開始沒有想到要做成作品，再漸漸有做作品的慾望。比如自己天天做爆炸，關心爆炸，可以想像自殺爆炸者採用的方法和精神狀態。人群中，員警叫他們把手舉起來，他們只要一鬆開手中的按鈕，就爆炸了。我們在做爆炸作品點火時，有時會緊張，但他們卻似乎視死如歸。在對受難者的同情外，也會對自殺的少年少女有些許同情：是什麼原因使他如此瘋狂？美術館的空間形像公路，適合汽車爆炸方案。同時我還提交了另一個方案：老虎作品。試探美術館的承受力、能力和膽量。另外，也是自己沒有把握，給自己留餘地。結果，兩個方案都被接受了。通過這兩件作品展示了長卷閱讀式的裝置，與平面繪畫相比，長卷的閱讀方式中包含了時間的延伸，隨畫卷一段段展開。春夏秋冬山河變化。我的裝置一直追求時間性、流動性，雖然不刻意堅持一定的風格，擔心失去自由，但我的創作根本上有這方面的特點：重視參與性、時間流動因素，需要有過程來閱讀。

馬：作品必須要觀眾自己走和看。
蔡：觀眾走進來，看到一大堆、亂亂的爆炸霓虹，車都疊在一起，五彩繽紛。閱讀〈舞台一〉的時候，第一輛汽車似乎正常地開著，第二輛「當」地爆炸，我懂爆炸，開始是白光，純、亮，衝擊力使車浮起來，然後燃燒空氣，變紅，溫度似乎升高（實際是降低），車升起後，在空中翻騰，五彩繽紛的效果出來了，變成熱烈的煙火，然後變成粉紅色，似夢。落地時，像鳥一樣翅膀張開，是藍色的。整個過程需要觀眾從側面邊走邊閱讀，汽車像定時定格的鏡頭，九輛車是一輛車的故事。走動的身體像膠捲一樣轉動，使人看到裝置動起來。

幻覺
個展：不合時宜 2004
美國北亞當
麻州當代美術館

馬：〈舞台一〉的感覺與另一件作品〈幻覺〉相似：五彩繽紛，亂亂的。我感到奇怪：這個裝置的物質性強，車是真實的，爆炸雖然是燈做的，但物質性也強。錄影明顯是假的，為何觀眾對它的反應那麼激烈？

蔡：〈幻覺〉這件錄影作品的場景在紐約的時代廣場，有更強烈的現實性和切身的危險感，而在作品中觀眾無動於衷，周圍燈紅酒綠。車像幽靈一樣邊走一遍遍爆炸。我的鏡頭故意從人觀看的角度拍攝：好像在時代廣場看萬千車馬經過時空，有一種幻覺，所以作品名字叫〈幻覺〉。在這兩件作品中，藝術家創造了不同的視覺衝擊力、造型、色彩、光、節奏、速度。但我不知道哪一個作品值得人們更深入地討論。

馬：有文章討論到攝影錄影的力量以及藝術家對戰爭和暴力的表現，透過照片和錄影可以代替現實的力量，它們也可以造假，是眾所周知的。攝影師的記錄比如媒體，政客利用攝影。人們知道這一點，但還是把攝影錄影作為真實理解。

蔡：過去我們通過看書來瞭解戰爭，瞭解時代的黑暗和戰爭的苦難，我們想像了城市被摧毀，屍體遍地，我們對戰爭是很恐懼的。1991年我們在電視中親眼看到了海灣戰爭，放心了很多，以為瞭解了戰爭是如何的，但這比過去更危險，我們看到的是經過處理和挑選過的：我們可能知道英美軍人傷亡的情況，但幾十萬伊拉克人的喪生，在鏡頭中卻可能閱讀不到。電視中的那個地方有陽光，看到人在馬路上走著，觀眾以為親身經歷瞭解了，以為從鏡頭看到了，這是很危險的。

馬：有人說自我意識是進步的第一步，但其實，認識一件事到改變它還很遠。回到作品上，你是不是在改變現實？因為時代廣場沒有發生爆炸。

蔡：危險在於好像有，又好像沒有。

馬：你是在討論政府為自己宣傳，扭曲事情的真相，還是用藝術的手段？

蔡：我們經常在事情過後，還想著「如果沒有發生多好」。我們的擔心和幻覺來自我們的時代。我們搭飛機、坐公共汽車或地鐵時有擔心、有幻覺，我們的時代有幻覺，我用藝術做「幻覺」。

馬：你是不是在人們的腦子裡放一個定時炸彈？

蔡：你說我這件作品與過去不同，對，這一作品更直接，與現在情況相連。這一趨勢還反映在其他作品中，聖保羅雙年展上（編按：指2004年於巴西聖保羅雙年展展出的〈一路順風〉），飛機上插了一萬件機場安檢沒收品，有指甲刀、小刀、剪刀、刀叉，那都不是來自敵人而是我們大家：誰都有武器，誰都是敵人，戰爭難分敵我，亂了。恐怖分子使用高科技，網路聯繫，當代文明不同於過去，在高科技武裝和操縱下，敵人是看不見，神出鬼沒的。時代變得困難複雜，戰爭和敵人變得複雜模糊，事情的正誤更廣泛微妙，因此藝術也變化了。

馬：恐怖主義使用高科技，但最終採用的是最簡單的手段，九一一事件中用刀威脅飛行員和一個炸彈都沒用的自殺爆炸。你的作品有用類似方式嗎？從〈幻覺〉這件錄影作品的製作過程看來，似乎滿簡陋的，租來的三個數碼攝影機、簡單搭起的木架、一輛卡車拉著後面引爆的車子、兒童玩的爆竹和小焰火，只用一個晚上拍攝，可以說都是低科技。

蔡：是的，我總是隨手拈來，技術粗糙、材料簡陋，霓虹燈是街上用的，把買來的舊車刷上白漆，老虎是用草紮的，糊上報紙，倒上樹脂，貼上毛。時代廣場作品用很樸素的剪輯拍攝方法。假如我用很多人都用的電視錄影藝術，能不能做出不同的方法，這很難，因為我不大懂。雖然〈幻覺〉傳達了我要表達的政治社會性的東西，但手段上，我沒有找到特別有意思的東西，算是把它當作一個台階來摸索。談到作品的形成，一種是要把自己對問題的思考找一個機會作出來，美術館的展出常常是提供一個氣候，你長期在某塊地上耕種、施肥、除草、播種，但是要等待季節，像這次的展覽，不同的美術館提供不同的氣候。另一種是走一步，看一步，像下棋。我本來不太喜歡錄影，不大喜歡依賴機器間接傳達我想要做的事情，比較喜歡直接的東西。但我感到這個主題應該用這樣的形式，我不懂，就不用技巧，而用最簡單的草根的方法做。說來說去還是一個做作品的態度問題。

馬：你常說藝術好玩，要搞蛋，有人說：要小心，你就是藝術上的恐怖主義者。你談了很多社會問題，你覺得藝術家是這樣的角色嗎？

蔡：恐怖分子雖是用刀，呈現的方式簡單原始，但他們經過了很多訓練和準備，比如瞭解民航運行規律。很多藝術家也是這樣，我的風格看似輕鬆，但有些出其不意。有人善於把複雜的東西簡單地做出來，有人善於把簡單的東西用複雜、高科技，精細嚴謹的形式呈現。我的作品一般都簡單輕鬆，容易參與，保留草根性，這與我的生長背景有關。我出生在小城市，可以說是亞洲農民，我的價值觀、對於尺寸的敏感度、材料處理程度、輕重、冷熱，與我的生理狀況，出生背景密切聯繫，挑戰自己可以，但不要故意改自己太多。我是順自己的情況和趣味做作品的。

宇宙圖案——
爲水戶做的風水計畫
開放系展 1994 日本
水戶市藝術館當代美
術中心

馬：你常常討論方法論，用中國傳統文化的東西，同時吸取中醫、風水的方法論。從你的這個例子看，我覺得你是研究恐怖主義的方法論，從背景上，都來自貧困地區，發展到世界各地，出其不意，你是不是有意無意地借鑒他們的方法論？

蔡：沒有，有人說他們受了毛澤東戰略戰術的影響：敵進我退，敵退我進，聲東擊西。時代在變化，高科技、資本、媒體的影響，他們從暗殺領導人轉到攻擊像紐約世貿大樓這樣最有象徵性的東西，以打擊政府，像細菌瘟疫般擴散，動搖其基礎和體制。我沒有刻意研究他們的方法論。我藝術的方法論也有點受毛澤東影響，而且東方的老子思想、兵法，講無常、物極必反，事情過分了，總會反過來。西方國家依賴巨大的國家機器推行目的，另一邊是超限戰。西方國家雖然知道對方會這樣做，但長期價值觀的影響和巨大的國家機器一時應付不了，事物是神出鬼沒，無常的。對於大量恐怖襲擊的危害，東方更多在討論如何從根源上不讓它產生，這是東方文化很有意義的方面，就像中醫講治標還是治本。腎虛腰疼，需壯陽，一種方式是培土，吃六味地黃丸，使土地肥沃，種子壯實；一種是固根，是在樹根上直接施肥，如吃虎鞭，見效快，但一直施肥，大地很快荒蕪。如果種兩年休耕一年，這是培土，中醫提倡平時培土，保持穩定。中醫的哲學和方法論常在我的作品中體現。東方更多是討論解決恐怖主義的根源問題。

美國發展愛國者導彈，衛星監控：一是摧毀敵方發射基地；二是敵人導彈發射後，在太平洋上艦隊用導彈將其打落；三是從美國本土發射導彈到太平洋上空，在太平洋上打落敵人導彈。但是，恐怖主義手段層出不窮，原子彈不知道什麼時候就悄悄進來了，每天有成千上萬的集裝箱入境，邊界的卡車來來往往。原子彈的大，其實是發射器大，而真正起破壞作用的核原料，化學成分和細菌，不用大。花幾十上百億美元發展防禦導彈也許只是買一下安心也給政客有事情做，最好從根源上消滅敵對。現在還要投入幾十幾百億建設阿富汗，有人說，當時阿富汗很窮，只用投入幾億，一切都不會發生。當然這是不負責任的說法，我不支持，有很多特殊的問題，但是十億援助確定可以幫助很多人，改變很多事，許多方面需要我們重新思考問題。

一路順風
2004
第二十六屆聖保羅雙年展
巴西聖保羅

馬：塔利班抱怨：災害時，幾十萬阿富汗人餓死，西方不給援助，塔利班炸大佛時，大家反應很激烈，那張炸大佛的照片在你的工作室裡貼了很久。你談到藝術界複雜，問題很多，類似世界的狀況，但藝術與當代生活脫離，藝術家追求好玩。

蔡：一般認為藝術家都缺乏人文關懷和責任感。他們也參加選舉，但一回到作品，則儘量避免靠社會現實太近，藉著創造一個由故事和假設構成的藝術世界，和現實生活作區隔。藝術是一個強大完整的世界，有買方、收藏的、保管的、策劃的、寫的、創作者、助手、辦公室、基金會、藝術館、投資者，人們在裡面消費生產，在其中下棋，深知其道。離開藝術，藝術家又面對另一個世界，世界有好的方面，生活方便了，物價沒有漲，收入增加，醫藥發達來對抗疾病，危機之前可以運用經濟理論、用手段解除：軟著陸，硬著陸。但是，現代化一方面使人們不用勞動，另一方面造成了大量失業者，超過以前的時代，一種看法是他們的物質生活不如從前困難，但他們的精神成為邊緣。藝術家作為人，生活在另一個世界，好像沒有戰爭、選舉、新聞。當然這個世界和藝術世界是互相影響的，但藝術有自己的社會和制度。

馬：社會危機時期，娛樂、體育可以轉移大眾注意力，緩解矛盾。美術館變為休閒空間，藝術與娛樂並行，但在現代，藝術被認為是高尚的，有批判、改變社會的力量。藝術是不是走到另一個方向，成了消解社會矛盾的工具？

蔡：政治家為政績建美術館，美術館就像以前的廣場，是消解發洩憤怒的渠道之一，美術館和藝術家創作的內容是整個時代變化的反映，如生產力、生產關係、高科技、消費水平這些因素。現在的態度比較模糊，但不等於沒有。有人在有意無意地創造象徵我們時代的東西，雖然那麼矛盾、脆弱、模糊，但也許恰恰是時代的反映。

馬：後現代主義運用諷刺顛覆的手段，玩了三、四十年的遊戲，對手段的濫用，使其工具的力量性和社會批判的鋒芒都被消磨了。

蔡：這和整個社會環境有關，冷戰以後，人們感到社會主義是烏托邦，可是資本主義的問題仍然存在，第三種可能性又剛在尋找，高科技物質發展並沒有創造真正的幸福，在美國選舉中發現基督教傳統的價值觀，比中國的傳統價值觀還強大，是主流。通過選舉看到很保守的價值觀主流，最民主發達的國家並不一定會帶來對他人和他者文化的寬容，可是人們又崇尚、又談美國的寬容、基督教的寬容，這是很複雜微妙的問題。

馬：人們對混亂的形勢難於判斷，怕有立場。
蔡：有立場被認為是傻，任何一個觀點有可能錯，現在的特點是比較沒有思想，比較自私，缺少正義感，比較善變和模糊。

馬：在這個模糊時代，人們怕拿出觀點被人罵，而採用開玩笑的方式，其實什麼也沒說，尖銳性消失了，後現代變成病態、包袱和拐杖，沒有誠懇和勇敢的態度。你這次的作品與以往不一樣，在嚴肅地說一個問題。
蔡：我不願說這次作品更有意思或勇氣。

馬：如何處理〈舞台二：虎〉作品的空間，請深入談談。
蔡：這作品從幾個角度出發，一是對英雄的懷疑和一個時代背叛另一個時代的感情。當時打虎的武松是英雄，現在迎接他的是警察；當時老虎可以輕易殺人，現在人們可以輕易殺死老虎。亞歷山大大帝年輕時征服了很多國家，消滅很多文化，去傳播先進文化，但現在，人們會從另一方面懷疑其意義和價值。這又聯繫到現在的英雄，你會去懷疑製造爆炸的英雄，懷疑其他各種英雄。這是使人價值觀動搖的主題，也是矛盾的主題和幽默諷刺的主題。為何打虎，不打蛇？是視覺和造型的表現性引起我的興趣，我喜歡兇猛的東西，像龍、虎，最重要的是對牠們的精神嚮往。九隻老虎一氣呵成，上千隻箭的痛感。這延伸了〈草船借箭〉、〈一路順風〉裡飛機插一萬把小剪刀、「不合時宜」的〈舞台一〉中汽車炸出許多光的放射波等等作品的脈絡。作品表現生理上的刺痛，引起我的興趣，武松打虎的故事本身是藉口。老虎被許多箭殺死，牠們的掙扎、傷痛，視覺

不合時宜：舞台二
個展：不合時宜 2004
美國北亞當
麻州當代美術館

的衝擊力、生理上的張力、壓迫和征服感，對力量的崇敬和精神皮膚的傷痛之間的矛盾，理性上對此的不合時宜的矛盾，是我的興趣。我的作品中有這些東西。加上舞台布景，是故意在尋找讓我不安的因素。

我總是在自己的歷史中拿東西，是比較保守的方法，幾個資源不斷被開發：一是泉州的資源，如帆船、中藥、風水和燈籠。故鄉是我的倉庫。還有一個是我做過舞台設計，我的裝置傳達了很多戲劇性、時間觀念，講合作、觀眾參與，還有團隊操作都帶有我戲劇教育和工作的經驗。但直接把戲劇性變為裝置，特意把舞台布景燈光恰當地玩出藝術來，還是一個沒有開拓的領域。這次舞台佈景的直接使用是對這個裝置過於明瞭和完整的反彈，給它添麻煩。我和自己做作品有點像在——自淫、自慰，自己玩興奮點、臨界點、緊張關係。單單以老虎在空中翻滾、一千支箭，人們會崇敬它們的力量，但我擔心這樣會過於簡單化，太保險了，會使作品不好玩、單調。插入布景使它變得危險、奇怪。最好有些干

11

擾，比如掛我父親的畫，也有這樣的打算。汽車作品裡的錄影，也引起我的懷疑、擔心和好玩。自己在和自己討論來討論去，更多是自己的感覺。我是找一個不完美的東西，我的油畫很不完美，我就很想畫，但花的工夫不夠，還沒找到感覺，應該畫出更有意思的畫，我需要創造不安的東西。

馬：這是不是也建構了虛擬的空間？
蔡：很對，太實了，把老虎拉到佈景上，就更有意思了。

馬：你的油畫是不是創造了一個虛擬空間？
蔡：我從小就想當藝術家，那時認為藝術家就是畫家，不是這樣的現代藝術家。

馬：但現實中你是做行為、裝置，組織大型活動，與油畫很遠，是不是在提醒自己，這是自己的空間，沒有現實化的空間？
蔡：有很複雜的因素，除了童年的夢想，那時認為藝術家就是畫家，還有，藝術史中令人熱血沸騰的幾乎都是畫家，我最喜歡葛利哥（El Greco）。他畫中的光、雲彩，自由自在，這是冥冥中很棒的異世界。現代的情況是使想畫畫的藝術家走上了搞爆炸，或在天空上畫水墨畫。但我對畫畫還有感情，總在想：為什麼不能在畫中作出東西來？現代卻延伸了你的過去，我畫畫做一做，停一停，矛盾是：有一點美術史的基因，太追求色彩、筆觸，有傳統油畫味的情結。我不過是一個表現主義、印象派的學生罷了，我希望畫油畫的空間成為我的自由地。因為一買賣，我擔心掛在美術館牆上，會與美術史上的各派大家做比較，就要為有創造性去找突破，不能當做呼吸休閒的好天地和隱私。不買賣就可以不用負這些責，我一張油畫也沒賣過。大型活動，有大量合作者，需要自然條件以及各種社會條件的配合，火藥爆炸計畫中與政府警察局、航空局交涉，感到大型作品是社會性，革命性的，是熱血沸騰的運動，但我同時還是渴望用自己的技藝，做可以在家裡做的作品，像油畫、草圖。我的運氣好，草圖是在紙上畫爆炸，贏得畫畫的感情，覺得還在平面上做事，我留戀爆炸草圖平面的美學，還有它可以使我與自己對話：「自慰」、前戲、爆炸、高潮的完成，這是很個人的。

馬：是與材料做愛。
蔡：蔡康永説我的草圖是床單，我的草圖運氣不錯，可以買賣，供收藏，使藝術家有一定本錢經營團隊，做一些瘋狂的事，經費不夠時可以自己投資做。這使我可以做其他的事情，獲得搞革命的本錢。

馬：我想追問你剛才講油畫和負責任這一點，不買賣，但可以展出，展出就可以不負責任了嗎？
蔡：就像小孩唱得不好，琴拉得不好，可以登台表演，但最好不要賣門票。賣東西給人家，就像收門票，你會説：美術館也收門票，但重要的是，不要把這個當買賣，藝術應提倡不要職業化，可以展覽、表演。但買賣後，就麻煩了，我不安，也許今後要改，畫不好，總不能向人家要回來重改畫。至少現在還是讓自己自由一些好。

馬：像你這樣的藝術家説自己的藝術不專業，讓人驚奇。你可以説是最專業的藝術家之一，公司建立在你的旗下，你靠公司糊口，有人為你工作，有很多顧客，像藝術館、收藏家都期待你的作品，有幾年的展覽安排。可以講，你不能更專業了。當然你會説這是抽象的態度，你常常講自己不專業，亂搞。如何保持這種態度？
蔡：藝術家要保持這種不專業態度精神，就需要藝術家的團隊和管理特別的專業。但是，我不大專業是事實，做火藥，我沒學過，沒有執照。做汽車裝置，自己不會開車，看到汽車底下的大洞，問了才知道是放油箱和引擎的，處處不專業，如果專業，自己什麼都能做，老虎做得像，就不會做老虎的裝置了，因為做了一隻老虎就把我累壞了。不專業使我不會對一個材料太執著於精細，沒有一樣材料是精細學會了的。像風一樣吹過來，就動一動，我對任何材料都不專業。火藥作品之所以還經常做，是因為經常做壞，戶外幾十萬美元的大型計畫泡湯了，讓人熱血沸騰。好的是，我還年輕還在冒險，壞的是，失敗了。沒有現成的材料做不做？沒有把握的做不做？草圖再如何精細，在點火前，還是會緊張，這讓人興奮。什麼時候玩得夠了，就不做了，因為還有更難的，像油畫對我就難，對別的人可能不難，可以畫得很棒，但對我就麻煩。非專業化吸引我保持活力和新鮮感。

馬：你在工作室要睡午覺，非常不專業，大家常常對你不滿。
蔡：我只是躺一躺，沒有睡。

馬：你講到作品與武松的故事沒有太大關聯，但你在訪談中經常講武松，如果出發點換成埃及法老，你可以做九個獅子。為什麼做老虎？
蔡：我不大喜歡獅子，而喜歡老虎。老虎比較現實，獅子離現代社會遠。我用過很多獅子做風水，牠的力量是神性的，不是動物性的，牠的文化符號太多。而老虎比較具體。

馬：作品帶了個人傳統因素，獅子抽象，是從西方的，中國石雕中的捲毛獅已經滅絕了。中國有華南虎、東北虎、白虎，在你的現實中是存在的。作品中是不是帶來了你自己的癖好和對文化的看法。
蔡：對。

馬：這些作品與中國的聯繫，是不是也是藝術家自己說出來的？
蔡：聰明人不大聽藝術家說的，而是更關注作品本身。就像醫生看病不大聽病人講很多。藝術家常想出一些事給人聽。有的觀眾以為理解了。如果有人問，為什麼是老虎？藝術家可以反問，為什麼不可以是老虎？因為有張力。再問為什麼，就講武松的故事，但講多了又無聊，使人們失去了認真地思考藝術問題的機會，常常弄巧成拙，這些對藝術家是普通的事。不能說寫文章的人都是蠢人，最好給他們準備現成的故事，但這些只是背景和材料，他們會從材料中找自己的論題。人們看到〈草船借箭〉這類作品，聽到故事，但難的是：為什麼船吊起來，加上中國故事，就可以成作品？中間是如何的呢？

草船借箭
蛻變突破——
新中國藝術展　1998
P.S.1美術館
美國紐約
現代美術館藏

同樣，寫我在中國出生，受教育，在西方的藝術經歷故事容易，但中間的另一些重要東西可能難一些：為什麼他把那些東西做了就成了藝術？與歷史，與民族，與西方，與現在社會和藝術界的聯繫在哪裡？且重要的是做法本身有無創造力？我的方法論是如何演化出來的？要不然，我的作品就不好玩，要不然就是別人下工夫不夠。

現在處處在展中國藝術家的藝術，很多人吃中國當代藝術這碗飯，但中國藝術家的作品表現力本身的問題，這些中間的東西沒有說。回到西方的藝術家來，美術做什麼？怎麼做法？給人看什麼？人家為什麼這樣看？這是藝術語言文本的方法和基礎，就成為討論的基本，說到中國藝術，就好像專業結構缺乏，毫無創造力，那又為什麼展出呢？我認為這個現象不是很精采，要不就是下的工夫不多，做事太容易了點。

馬：你是不是借用武松的故事來討論問題？
蔡：是，用「借」字對了，對我更有意思的是，借武松如何用老虎和箭控制巨大的展廳，支配觀眾的情緒，形成感受和審美。借武松在政治、社會意識形態上帶出某一方面的暗示，討論某一方面的現象。只講武松故事，掛一些虎起來太簡單了。我在老虎身上搖擺，為什麼不插機場沒收的剪刀、刀叉？這具體，有現在性、好玩，有色彩和大眾性的趣味。後來還是用箭，因為它更抽象，象徵傷害和進攻，英雄的問題是超越現代的問題，不要和恐怖主義靠得太近。如果用機場沒收物，感到是我們大家身上武器的進攻造成對老虎的傷害，我們都有武器製造傷害，我們都是敵人，我們的擔心是可笑的，把大家都有的指甲刀當成危險，總體上是在製造世紀的大笑話。這樣的思考搖擺，這些痛苦和擔心我感到有意思，又會造成另一個機會。說的太白，一切確定了這反倒就危險了，沒意思了。

馬：箭是抽象的，象徵暴力傷害。
蔡：我沒有朝武松的方向想，也許藝術家最早只是對老虎和箭感興趣而已，為了讓大家方便，而講武松故事，也許，英雄、恐怖主義這些都是後來自己再體會出來的。藝術品的魅力如果很大，常常是從形式開始想的，再有內容。創作有兩種情況：先有形式，再找內容；或是先有內容，再找一個表現形式。往往形式內容有先有後，很少兩個同時出現。兩種情況使做出的作品不一樣，因為出發點不同，結果就不大一樣。但不論怎樣，好的形式或內容都需要觀念。

馬：我認為有一種危險性，你說借武松作為形式。中國藝術家很難擺脫故事性。
蔡：中國藝術家不必要擺脫，是對他們的研究要擺脫對他們講的故事過度關注。他們可以做拆牆、民工題材，就像看西方同性戀者的作品，但是討論的是同性戀產生的藝術及其形式，如內容、材料、色彩、構圖的特點，有哪些不是美術史以前的風格，而不是一味討論照片表現的同性戀這件事本身。利用中國故事，也可以做得有人文性、有形式、有創造力。

馬：為了方便，藝術家講故事，但不能停留在故事情節上。當你面對的是大多數觀眾，不光是給少數聰明的思想家看的時候，普通觀眾會不會把你給的故事當梯子？
蔡：危險是有的，草船借箭可以講一百遍，因為它本身有強烈的哲學內涵，武松故事的哲學性不如草船借箭。借武松傳達英雄的道理，這樣的故事多了。問題是要控制什麼時候不要多說，什麼時候說，有時，要給他們梯子，梯子是作品的一部分。但當梯子不是作品一部分的時候，成了擺設，就要收掉。但是策劃人的導讀文章不能光寫到梯子的故事為止。

馬：危險是故事成為欄杆，人們抓住欄杆不放。
蔡：欄杆是給需要扶的觀眾的，我作品的優點也是弱點是，內容上即使觀眾什麼都沒有領會，但視覺呈現上有張力，比較好玩，看起來不太吃力。

馬：在華盛頓看了Dan Flavin大型的回顧展，整個展覽給予一個視覺、光和空間的體驗，結果展廳最後的一個灰色的房間放了一些小草圖和藝術家早期的作品。我認為這種方式對整個展覽似乎不大負責任。這個房間破壞了視覺的整體體驗。但策劃人面臨的問題是人們想知道這些東西、故事，這是對觀眾的交代。回顧展應不應有空間放藝術家的早期作品和經歷，還是要對成熟的作品本身的視覺經歷負責任？

蔡：我的搖擺是針對作品本身的東西。比如，〈移動的彩虹〉是紀念 MoMA（紐約現代美術館）搬家？還是紐約重生的祝願？只有十五秒的爆炸。更重要的是：作品本身好不好玩？有無創造力？自己有沒有激情？有否把自己的事做好？不能要求觀者理解很多，不能要求自己一項做很多目的，只能一個一個做，以後人們也許會在混亂中理一下，沒有理清也沒關係，但最重要的是自己要做很多自己覺得很好玩的東西，就像經過很多年後，還想操，還有激情衝勁創作。

馬：有觀眾點出，光看虎和箭的裝置，感覺是痛苦，但在看到我們在製作時用箭紮老虎，更難接受。在1999年科隆的作品〈不信神的時代〉裡，有耶穌、菩薩像，開始是在大廳裡做，砸了菩薩，場地有很多人圍觀，氣氛很緊張，有個小女孩問：「他們會不會也這樣對耶穌？」後來工作人員來說，壓力太大了，能不能不在觀眾面前工作。人們知道是假的，但行動本身有力量，理性可以明白，但生理感性上不能接受。虎讓人產生憐憫，科隆的作品涉及宗教信仰的問題，西方有個詞叫「反對尊拜偶像」（iconoclasm），最近好幾個作品都引用到。

蔡：在莎可樂（Sackler）博物館內的作品裡（編按：指2004年「旅行者」個展中的作品〈迴光〉）砸了很多觀音。觀音對我很重要，辦公室裡有觀音像，我向她燒香磕頭。可是在展廳裡的作品，觀音也支援我做這件事，因為偶像本身不重要，就像一件大褂，讓孩子們裁成了他們需要的東西，這只是別人幫神做的外套。總體上我比較信仰看不見的世界，我是迷信的人。砸，是因為我有強烈的信心，這不是褻瀆神，神和神像不是一回事；我家裡供的觀音和美術館的觀音是兩回事，美術館的是被稱為藝術品的東西而已，破了可以補，家裡的觀音在工藝上和藝術價值上不如大都會美術館的好，但它與你發生神聖的關係。觀音像並不重要，我家裡以後如果有更好的觀音像，現在的觀音像就可以送人或砸掉，它只是人的一個寄託點。

馬：理智和感受的矛盾製造了一個藝術空間，大家知道虎、箭是假的，但視覺上令人痛苦。三個作品中都有這種並置和矛盾，虎和箭，車和燈，美和爆炸，讓人又著迷又恐怖，知道暴力壞，卻又被它的力量和美吸引。

蔡：有人要我一句話概括作品給人的印象，我的回答是：困難和矛盾，每件作品的價值觀和政治性似乎不對頭，但又被那個世界和作品本身的造型迷住，車的翻滾，生命開花的詩化，死亡瞬間像升天，透過美的後面，感到對事情另一個角度的認識。也許死的人想的是：去就去了。儘管作品有悲劇性也有諷刺性，人家之後也許會說：這個作品真的是在歌頌這些人的英雄獻身精神，自殺爆炸是個非常美好的樣子。還有人說：為什麼不能這樣說？因為藝術是很微妙的。可笑的是為什麼要藝術表明它的政治立場？這是沒意思的話

迴光
個展：旅行者 2004
美國華盛頓史密松寧機構
莎可樂美術館（上圖）

不信神的世紀
世界藝術對話展 1999
德國科隆
路德維奇美術館藏（下圖）

飛毯
（我的私人）英雄展
2005 德國馬爾塔
赫爾福特美術館藏

題，也不要想藝術家是什麼立場，而是要把它當作本來社會有存在這個角度，是許許多多人的另一角度，藝術家的態度立場不重要，他其實什麼也沒說，沒有主張或不主張，而是呈現這個社會的各方各面的一角。沒有必要說藝術家的政治立場，藝術家什麼也沒做，而是通過這些事，作品折射了我們時代社會的問題。

馬：2005年5月在德國 MARTa Herford 美術館舉辦的「（我的私人）英雄」（My Private Hero）群展中，你打算用什麼題材？
蔡：方案已交，是阿拉伯地毯和許多箭，地毯吊起來，像飛鷹，箭的毛像鳥的羽毛，地毯全身被箭穿透，名字叫〈飛毯〉。

馬：也是講英雄。
蔡：知識分子會傾向關懷弱者，尤其是當強權以單一立場出現，會產生邊緣的弱者。藝術家天生就比較多毛病。

馬：你的長期技術助理辰巳昌利（Tatsumi Masatoshi）說，藝術家是不完整、不正常的人。
蔡：他們會憐憫另一種可能性，從另一個角度設身處地的思考。作品的產生是因為我們社會有這個狀態存在，藝術家並沒說好或壞。箭也許是自己射自己，不是其他宗教文化射的，自己也可以改造自己，健康起來。以色列小，在眾多國家的包圍下建國。世界同情以色列，但他們一些事做太過，又引起人們的憤怒，但憤怒後面，人們也思考：有沒有其他辦法？這是真實的社會狀態，在現實社會的外交政治中，成熟的政治家談判，都不是一味求贏，也要為對手考慮，留下餘地，不然談判結束，對手被暗殺或下台，又要與新上台的人打交道，還是沒贏。不僅要考慮自己，也要考慮對方的立場，這似乎跑題，但道理在於：每件事都不容易，這是社會的狀態。藝術也是不容易的，要有把握做得好，又要好玩輕鬆，不容易。

馬：〈虎〉的作品中你用了戲劇因素，又放佈景，目的是什麼？
蔡：我擔心形式上太乾淨，擔心把事情說絕了，太完整。所以希望有點緊張感：空間上還要一個高點。佈景使作品的因素複雜起來，較難處理，老虎和箭是寫實和立體的，山石是畫的，明顯假的，我對這些不協調的因素感興趣，有戲劇性，好像觀眾在舞台上轉，佈景前畫的是山水，但轉一下，發現後面是木頭和木板。虎的兩隻腳站在佈景的山上，但觀眾轉到後面，發現虎的另外兩隻腳是用木條頂住的，我喜歡在舞台裝置上尋找一些有意思的語言。

馬：戲劇的空間是假設和象徵性的，虎是假的，但做得很真，你是不是在解構空間？
蔡：我在山上做了一些小台階。藝術是真真假假，假假真真，什麼都說不清楚，什麼都說了，什麼都沒說，感到說多了，又減少一些，說少了，又加多一些，總是自己在徘徊。

馬：作品中，一方面你強調像真車，另一方面又把引擎拿掉。

16 蔡：引擎太重，不要忘了這是搞藝術，不用真的殺人。

馬：每次採訪你都談到你的戲劇經歷和專業訓練對你作品草根性、合作性和時間性的影響。這種說法是不是過於簡單？

蔡：實際上的影響也是這樣。

馬：這對你工作方法的影響肯定是有的。人們常用戲劇性來評論你的爆破和裝置作品，這次的作品直接把戲劇性提出來。什麼是戲劇性？

蔡：我最不願回答這樣的問題，誰定義誰死掉。人們認為我作品戲劇性的東西很誇張，因為戲劇有距離，是塑造典型，講究場面效果，有節奏高低起伏，處理時間，還有象徵性，我工作過的劇團是戲曲劇團，中國古典美學講究象徵性：男女對看，它可以象徵兩人的眼睛之間有一條繩子連著，桌子可以象徵山或家。我作品的象徵性也確實比較強。

馬：你經常討論時間性。

蔡：用時間展開造型和單單用視覺製造空間不同。

馬：從前人們批評極限主義的戲劇性，認為藝術用眼和大腦，戲劇要用身體感覺和全部投入。但投入和互動性成了當代藝術追求的東西。

蔡：現在什麼都可以。藝術家利用戲劇性，但不是要做戲劇，就像戲劇運用現代藝術，行為藝術的觀念，來解構劇場，觀眾演員互換，但還是做戲劇。我做的還是視覺藝術，把佈景當一件裝置作品，石頭可以做成立體的，但還是做成平的，一般觀念從舞台下看場景是完整的，但在裝置作品中，觀眾可以轉到佈景後面，使人們看到劇場上看不到的佈景後面，戲劇中觀眾不要看到後面。

馬：談一談和觀眾的互動。

蔡：戲劇性從前不大講互動，但大家都強調劇場演出效果，觀眾如果不反應，戲劇就失去了對象。羅密歐與茱麗葉中的兩個演員共同的對像是觀眾，目標是征服觀眾。後來人們意識到觀眾不僅僅是欣賞者，還可以成為演員，這樣就互動起來：打破舞台高度，演員坐到觀眾席上，即興請觀眾表演，觀眾成了演員，演員觀眾互換角色。九〇年代以來藝術家也注重做與觀眾互動的作品，比如觀眾參與到我的裝置內，泡澡、打高爾夫球、坐爬山車、撐船，變成了作品空間的演繹者。

河流
隨意的歷史 2001
法國里昂
當代美術館

馬：你經常講你的作品沒有觀眾就不存在。

蔡：這是我作品的特點，但也不是所有的作品都是，草圖就不是。我不敢強烈主張任何美學觀點，因為馬上會有矛盾，但沒有觀眾，爬山車、撐船，就不成立，不好玩了。泡澡作品照片有人的和沒人的都有，大家都用有人的，因為知道有了人才是好玩的作品。

馬：你重視觀眾參與的動機是什麼？你是不是追求觀念上的前衛性挑戰性，而不是對人很感興趣，以前人們做這類事的出發點是對人的關愛。你似乎不是這樣。

蔡：以前人的愛和現在人的愛的表現方式不同了。

馬：你愛觀眾，想給他們什麼？

蔡：在美術館泡澡、打高爾夫球、坐爬山車、撐船，多好。

馬：你指的好，是對美術館好？藝術家的作品好？還是出於對人的關心？

蔡：全部有，如果這不好，他們不會去泡澡，但我的動機不是單純熱愛人們，因為這對各方面都好。回到戲劇性，戲劇以人為本，說的是人和人的關係。我很願意和人互動，雖然我平時不大和人喝酒交朋友，但在作品上我可以與別人交流。有人是在床上，有人在船上，有人在網頁上和人互動，我和人發生關係都是通過作品，我感到離開作品，我的趣味比較少。我在世界各地做的事，顯得我好像掌握很多資訊，其實我不上網，報紙也只讀紐約當地的中文報紙，加上看中文台十到十一點的電視節目，沒多少資訊。我多半是通過作品與人家交流，作品濃，和人家的關係就濃。

馬：在有限中尋找無限。

蔡：一些事情做得還不錯，但我知道自己的侷限性在哪裡。最重要的是真誠：真做作品，真正在思考問題，真正在發現自己的可能性，真正焦慮，真誠地感受人、生命和愛情，真誠地面對社會和政治立場問題，用很有意思的手法和適當的傳達方式，而不是一直設法迴避。這也是藝術家的本事，如何掌握火候，把擔心、焦慮和幸福感受轉化成作品，如何轉化是藝術問題，但還是要真誠面對感情、政治立場的問題，藝術的可能性就會有很多。事情總在產生，有新的方法表現新事情，或用舊的方法更有意思地表現新事情。我有時著急、不安、寂寞，都是因為反覆為真實的東西受折磨：是不是在真誠地花工夫，用真實的感受在做這些事？藝術不管是多麼輕鬆的形式，都是真誠的產物。

馬：你是一個浪漫主義者。
蔡：但說實在，我滿寂寞的，寂寞一點好，和自己有距離，不寂寞是暫時的，寂寞是長久的。

馬：你談到中國傳統繪畫裡，屏風和長卷有自己的形式特點，又和人們的生活方式和觀念相聯繫。
蔡：長卷和屏風類似，有移動性，尤其是可以根據空間的大小而改變，油畫構圖有完整性，做不到這一點。長卷可以永遠只展一部分，每段有其完整性。所在的空間大，屏風可以拉伸，空間小，多折一點。人在屏風前，屏風成為背景，屏風是根據人的活動和高低位置來構圖（比如主人公的身高），它們有空間性和裝置性。西方比較少，畫掛在牆上，壁畫有對空間的考慮，但大的位置經營是整體配好了。東方更講活動性。古代的很多將軍講究藝術修養，能寫一手好詩好書法，講究藝術氣氛，走到哪裡打仗都帶著屏風。中國古代繪畫很講究空間和人的關係，以及人走動時對屏風畫面變化的感受。屏風長，不能一眼看完，走過去，春風又綠江南岸，再走過去，池上都是水波紋，像風一樣帶過去，在池塘小橋上走過去一樣，有一種過程，需要有過程來閱讀。「閱讀性」是合適中國文化藝術的描述，古代不叫「看畫」，而叫「讀畫」，要用心和時間來感悟和經驗。這是它具有當代性的東西。
長卷更是閱讀式的，比如〈長江萬里圖〉，題頭後先是涓涓細流，然後長江兩岸，萬千河山再走入大海，右手卷，左手放，幾米閱讀過去，若行萬裏路是在時間裡的繪畫，而且這還講究隨時可以停住，從繪畫局部的展現，可以聯繫完整的世界。這和太極拳一樣，從任何角度看，動作是完美的，在任何時候停住也是完美的。雖有流動性但又隨時展現完整性，是中國古代藝術的特點之一。這樣讓讀畫者即是在時間中參與的觀眾。我的藝術，在空間展開的裝置以及參與性的裝置，都有意無意地反映出與傳統的聯繫。

馬：中國古代的畫家書法家，不是畫匠，而是很有修養的文化人，有時是文武雙全的人，西方文藝復興時期也有全才（Renaissance man）一說，像達文西。中國古代有文人與匠人之分，中國現在有中央美術學院、工藝美術學院的分野，但當今世界的藝術家是專業化的，對藝術家素質的要求有沒有變化？
蔡：當然，古代講究精神氣質影響藝術的高度，古代的知識分子和將軍們追求人的品格，要和詩歌繪畫藝術的高度並舉，總體上，洞察世界、感受人生，對他們的文化藝術帶來很大影響，他們是不是也在追求藝術上獨創的表現方法，這不一定是主要的，認為修行和悟道達到一定的位置，風格筆墨會自然呈現其風格特點。他們也知道有意識地修正弱點，這是形式問題。但獨創風格更依賴由人生閱歷和氣質精神的提高，而帶來革命性的變化。因為走遍大地，畫的山水就帶上新的風格，風格是在走萬里路的歷程中獲得的。教養依靠身體經歷而實現。
現代不一樣了，媒體、資訊發達，市場影響藝術，現代藝術界有完整的市場，在中國古代沒有美術館，地下陵墓具有美術館的作用。作品好，送人，有人求畫。中國早在宋代就有專門畫院，研究藝術題材。受傳統影響，我不大喜歡人物畫，它有功利性，帶社會主題，不那麼自由。中國文化講究距離。風景畫即「山水畫」，成為獨立修養和精神以及表現技巧的競爭，我更喜歡風景畫，宇宙大地、山川氣候，自由抽象，使人精神與之相連。

APEC
景觀焰火表演 2001
中國上海
亞太經濟合作組織

馬：這個技藝的改變需要其他才能的改變來提升，這和現代藝術強調要在觀念上下工夫相似。

蔡：既相同又不同，一些事，放一放。假設有人問，如何提高藝術水準？我不會說：應該有工作室，多畫，而是應「出家」一陣子停一停。追求與物質誘惑相反的東西，不然年紀大了，會後悔沒有好好讀書，這說的是以大悟來改造技藝，年紀越大，藝術經歷越多，越意識到靠聰明勤奮不能達到很高層次，反而應把很近的利益擱一擱，才有可能獲得更大的提高，才能回來做好。有人講得好，萬物最大的是宇宙，比宇宙更大的是心靈，心可以是空的，容納一切。

馬：談談現代和古代的不同。

蔡：我們是時代的產物，每個人又同自己的時代抗爭。孔子時代的爭論和現代相似，也是留戀過去的年代，那時候也抱怨現代壞了，人心不古。

我總是感覺過去是十分浪漫的時代，我有印象派時代的情結：夕陽下對著風景，邊畫邊唱歌，一切都在裡面了。現在不同了，要做更多別的事。人們永遠都會有一點點懷念過去，可我們都是時代的產物，又創造了時代。

馬：你提到現在搞藝術要花巨資，這與藝術和藝術家的水準提高有直接關係嗎？

蔡：一些作品需要巨資，〈移動的彩虹〉這件作品炸一秒鐘要一萬美金，這麼貴的作品就需要媒體來宣傳，以聚集大量的觀眾，也需要一定的知名度和主辦單位的資助。

馬：這是單件作品的情況。

蔡：是，但是藝術總體沒改變，最後人們不會關注錢數，而是用一些總體不變的標準看作品。

馬：古代現代，藝術在本質上沒有變。

蔡：藝術有一些基本的判斷標準，如對創造力的開拓。好藝術家的作品充滿悟性，像安迪・沃荷，他悟到了藝術和社會的新關係、創造的可能性，而且，作品形成又要恰到好處、輕鬆、有新的美的享受。我感到東西方共通的是，都重視作品創作本身的態度需要有特點、形式，並且展現富有效果的創造力，使人對美獲得嶄新的體驗。

馬：態度是領導，還是影響形式？

蔡：態度引導形式，但最後還是形式決定態度的意義。有很好的態度就要堅決貫徹，排除干擾。另外作品要達到初衷是很不容易的。藝術容易被干擾，要堅持，要做徹底。做大型火藥作品，我有時很煩，希望回到更個人的能力就能對付的事去，可是大規模場景和慶典藝術瞬間的爆炸沒有做徹底，還沒有做死，做絕，這就可惜了，所以還是要做。

馬：慶典作品最易受批評，被批評是討好，浪費的作品，但要做徹底，就要繼續做下去。我個人對慶典不是很感興趣，但還是要把觀念做得更徹底，不然就半途而廢了。

蔡：老實說，其實也很簡單，做慶典作品和畫畫一樣，只是東西巨大而已，根本還是一樣：要有創造力，要更狠一點。2001年在上海做的 APEC 的作品，最後呈現瘋狂輝煌時，我感到：這就是藝術品了！藝術品的優點是不可控制性，做到一定程度，作品自己說話了，不是按設計說話，官方把握不住了，藝術家把握不住了。作品的偶然性和不可控制性出現時，藝術品的活力就出來了，生命成立了。像孩子自己說話了，你叫他來，他說不，反抗你時，你感到這是一個被你創造的生命。APEC作品中處處出現不可控制的因素，有自然災害或要出事的感覺。慶典藝術一方面要有創造力的形式和觀念，另一方面是面對既擔心又渴望的不可控制因素。常常失敗，不一定是壞事，說明還有希望、還年輕。巨大的觀眾場面，也是藝術不可控制的方面，但要多做，才能找到有意思的東西，量也要大。

馬：也許要去一些地方，包括娛樂界，爭取機會。

蔡：我有很多毛病，應像安迪・沃荷，故意強調我就是「要錢」，這樣一年做一百個焰火大會。我作為藝術家，可以用得很好玩，可以在各種場合，像拉斯維加斯，把大眾消費文化稍加改造，就變成很有意思的東西，像他把印刷改造，加入繪畫，創造新形勢。

馬：你又要藝術家的尊嚴，又要去碰棘手的東西。

蔡：有的機會不做，是因為有的地方放不開手腳做，也有庸俗實際的考慮。比如，有些地方請我做旅遊節，可以有幾百萬做，也可做得很好玩，但我不會有興趣。但如果是奧林匹克活動，它有堅強的組織和很具野心的目標，又是讓更多人看到的地方，也是壓力、責任很重的時刻。也許我們的工作室應辦一個慶典藝術公司，是個專門設計好玩的東西，讓人民高興的公司。

馬：你沒有下決心做慶典，因為你沒認為這是最值得花你時間的事。

蔡：我一直在人民和專業之間搖擺，擔心完全進入人民，就沒有創造性了。

馬：有人會說安迪・沃荷的作品沒有創造性，是版畫，這看你如何定義創造性了。

蔡：沃荷的就是有創造性，問題是我怕自己沒找到創造性。

馬：栗憲庭在一本畫冊中談到你：「很多西方藝術評論家把蔡國強的成功歸於他對傳統能源的轉變，把焰火演化成新的藝術形式。我的觀點是：除了他的能力以外，他在西方的成功是因為他特殊的魅力、智慧、勇敢和積極性。他愛開玩笑，他繼承並發揚了杜象的傳統——藝術家的觀念智慧的重要性超過了作品本身，蔡國強的重要性就在這一點上。策略是他工作的關鍵，他運用西方觀念藝術的方法，結合中國歷史文化資源，藝術理論傳統以及自己的經歷，他的魅力在於他能抓住各種角度：社會性、環境性和藝術性，他是個會玩遊戲的人，他和當權者玩觀念遊戲，促使觀眾研究藝術後面的生命感受和文化傳統這些複雜的東西。」栗憲庭提到策略，你常講態度方法論的問題。你是如何跨越藝術觀念和藝術品之間的巨大距離？

蔡：總體上有很大的問題，困難多。我的故鄉泉州山清水秀，花四季常開，而我一直認為自己也是河南中原人，有英雄主義氣概，追求樸實深厚的唯美性，欣賞大線條、大格局和秦漢精神。回去看福建當地的畫展，大多小情小調。我的矛盾和掙扎是：一方面，有很保守經典的主流價值觀，崇尚英雄主義氣概，秦漢和希臘羅馬精神；另一方面，又感覺經典的東西不好玩，又很願意有市民性。因為好玩使我做事不累，不會感到為英雄性作犧牲，感到自己活得像自己；英雄性也是自己，但英雄應該追求理想和彼岸，不是自己。還有一個特別矛盾的是對從氣功到超現實，以及宇宙的無限廣闊性、模糊性、混沌性的興趣。

我的作品在尋找時間空間的混沌性，從中獲得一種人生的無限，從中拋去功利對人的誘惑，像出家。在虛無、無限的宇宙中，事情再了不起，也沒什麼了不起；人生再短暫，也無限，再沒勁也有勁，再沒有可能也有可能。因為它是無限的，沒有人用得完，自己就輕鬆自由了，與宇宙一體。但是這些畢竟是後天的追求，就像練氣功中那宿命的東西，追求氣，特意追求與宇宙一體，就不是自然而來自然而去的，最高的自然境界。希望從和無限對話中得到藝術長進就是後天的，就像期望練氣功得到氣，藝術家追求超脫，但又要利用它以獲得藝術的無限可能，這是矛盾的。我還是在尋找大的方法論，端正好態度，追求作品後面巨大的道。道是最高的方法論，也是一種秩序。我的追求貪大，因此搖擺在追求先天的自在和後天功能性之間的矛盾：好玩和輕鬆的當代性與秦漢、羅馬時代的古典式英雄主義。最近忙著準備的作品〈中國龍捲風〉（編按：指2005年10月在華盛頓甘迺迪表演藝術中心的展覽），既要有諷刺緊張，有政治敏感性，又要好玩幽默輕鬆，但後面還要有更大的東西，激烈、大格局和英雄主義氣魄。

馬：這也是現代主義的純粹性和後現代主義玩世不恭之間的矛盾。

蔡：我的造型總體上是比較有力量的，經典唯美，清晰簡練。小船上三千隻箭，乾淨純粹，燈籠兩百個，一片紅。是與秦漢、希臘羅馬傳統相承的。我作品的東西有趣，材料和故事有意思。為什麼會這樣？我的特點就是這樣：像山清水秀的南方，很細；又有黃土高原的簡練爽快。我很重視在現場表現的作品，生命、歷史、繪畫、材料經過我的塑造能力和現場的操縱能力，使它具有獨立魅力。汽車爆炸的作品聯繫到恐怖主義，文明宗教的對立衝突，汽車文化、焰火、歷史等等，但這些又都可說可不說，因為就是現場，汽車的翻轉，作品的魅力已經體現出來了：色彩、光、節奏、審美的新鮮感。這是我會做的事情。做作品和做愛很像，做愛使人過癮。做愛需要精神、材料、體質，東西方性技巧探索的知識等等，但是，做愛的關鍵是現場表現。藝術家對藝術作品的關鍵也是現場表現，大量的藝術家觀念和歷史學問夠了，材料也不錯，但現場魅力不夠。做作品，要傻，要奢侈，比較有魅力！

馬：2004年在聖地牙哥軍事表演做作品的前兩分鐘，別人的表演駕駛員出了事故喪生，使你的專案被取消，第二天才做出來。談談你的感受。

蔡：有很多複雜的感受，總的講，這個駕駛員不是藝術家，但自己在天上飛得很美，我作為雇人表演的藝術家，對他肅然起敬，也引起了我對藝術本身的懷疑。生命來去的簡單，他表演讓飛機從空中一直掉下，臨著地再飛起來，很漂亮，讓人覺得像是無人駕駛的玩具。飛機是不容易出事的。最後那一次，他真掉下了，他死得漂亮，死就死了。使我感到醒悟：生活中擔心這擔心那，一下也就沒有那麼重要了。我們在自己的作品上開始擔心的天氣，飛機組合的透視、山好不好看這些細節，變得特別小，特別好笑。另一個感受是：美國人仍然繼續表演，他們更在意的是他是怎麼死的，是他的技術？還是飛機故障問題？如果是故障，要如何改進飛機？要留下經驗給後人，明天還是會有人玩。這種精神我是很受鼓舞的，繼續向前走。

馬：東方人的反映不一樣，東方人比較被動，更隨自然，會說運氣不好，是天命。西方人會有勇氣面對現實，把壞事變好事，繼續向前，相信人可以改變命運。
蔡：西方知道征服大自然的代價大，重視科學的勝利。

馬：兩方面都有好壞。
蔡：人們的態度基本上不是譴責、抱歉和痛苦。人們不會因為看到事故發生的奇觀而高興，也沒有因為有人死了不敢看表演，而是對表演者更加崇敬。該向前就向前，是一種浩蕩的力量。我一是感到生命之輕，另一個感受是：要向前走。這是矛盾複雜的，這是人生的現實。第二天雖然是陰天，但已不那麼重要，這個在空中畫山水的表演很好。我的感受很深。

馬：藝術比生命更脆弱。我們藝術家對細節很緊張。瑞士策展人哈羅得・史澤曼（Harald Szeeman）曾說到藝術是脆弱的，對他來說，這一直是個政治性的宣言，他要來表現藝術的脆弱。
蔡：我曾在日本做了橋的作品，看起來很漂亮，楊・荷特（Jan Hoet）就很擔心，做的太好就錯了，他首先走過去，橋搖擺不定，他就很放心。他的擔心是：不要做成真正的橋。我認為藝術脆弱，很不容易，慶典藝術容易做不好，是因為它先天危險，矛盾困難很多，危險在很難把它作成真正的藝術，因為藝術從古至今人們引導它處於脆弱的位置。印象派受歡迎後，就不好走下去了，人們擔心蒙德里安的作品和工業設計沒有區別，好藝術要處於這種一直擔心的狀態中。但有人從不挑戰困難，沒走在危險的刀尖上，他們或是不知何為困難，或是知道困難但不敢向著去。而好的藝術家把這些當好玩，一直走下去。我常被稱為「明知故犯」，大量運用東方的東西，有一種很危險的傾向。我什麼都敢用，風水、中藥、兵馬俑，人家感到很危險。

馬：可以用任何東西，但不能有依賴性，回到「不合時宜」這件作品，打虎故事是出發點，但只是借用，不能依賴故事。
蔡：依賴就做不好作品了。包括對火藥我也沒有依賴，而是對精神、瞬間、暴力、危險性、偶然性、不可控制性感興趣，對顛覆自己感興趣。從小就感到自己膽子小，規規矩矩。後來拓岩畫、拓樹根，用風吹油畫顏料，用火燒畫，在其中找偶然性，來打破保守性。

馬：藝術是脆弱的。藝術不能領導潮流，但它與觀眾的個人發生關係，比大的運動對個人有更具體的影響。
蔡：藝術讓它做大事，做不了；但你說它不必要，又很需要。

一年幻化成十五秒

蔡國強的〈移動的彩虹〉

莉莉安·同尼（Lilian Tone，紐約現代美術館策展人）

> 煙火像是幽靈……它們似有形，但卻又超脫有形的負擔，也就是時間的壓力；它們是來自天堂的訊息，但卻是人為的；像是一個警訊，又像是一篇經文乍現、消逝；其意義實難被解讀。
>
> ——西奧德·W·阿多諾 (1)

移動的彩虹
2002 美國
紐約現代美術館
作品在紐約東河上實施

時間的外爆與內爆

　　一陣色彩、形狀、樣式狂烈爆炸，瞬間地在漆黑的天空揮灑展開。煙硝在黑夜中游移，空中瀰漫著硝磺味。這乃是一件工程／一項活動／一件藝術品的展現，藉由焰火的語彙來呈現。這些焰火像管弦樂般的合奏起動了聽覺、視覺和嗅覺的震憾，激發了全身的反應與共鳴。在同一時間裡，有已逝去和剛消失的痕跡；同時是虛幻又是微妙的物質性：身體五臟內腑的震撼、視覺的留影、耳際的鳴響、認知上空間上的混沌與差異。只有短暫幾秒鐘活力四射的演出，隨即在空氣中散去，在豐富的煙霧迷漫中離場：也就是這種內在的稍縱即逝的美學，說明了蔡國強的火藥和煙火藝術創作。他的作品營造了一種像舞台劇般的期待氣氛，然後影像和花樣的形式在漆黑的夜空中展現。在爆炸的迴響高潮聲中，所有的聲光影像俱滅。而這個表演藝術活動之後仍深印迴盪在記憶裡，一團像幽靈般的認知符

24

號，在幾秒鐘之間，具象的變成了非具象，可辨識的變成了不可辨識。

煙火是一種弔詭的儀式：既暴力又美麗；既大眾又神祕；既通俗又魔幻。它們可以說是歷史上第一種真正的以視覺為出發的大眾文化表現形式和社會象徵，既傳統又不斷地被創新。煙火被運用在許多不同的目的：從象徵軍火到國家的慶典，有時只是單純的釋放鞭炮，有時以最簡單的形式——像是在後院利用瓶子放火箭炮。在當今焦慮的社會中（不論是真實的或是想像的），煙火的瞬間「想像真實體」，無疑地乘載了深刻的含意與暗示，特別是它們在喚起聲音、怒火和視覺上衝突敵對的量能。

> （在我的家鄉）每一種重要的社會場合，不管是喜的悲的——婚禮、喪禮、嬰兒的誕生、或是搬新家——都以放鞭炮來慶祝表達。他們甚至在政府官員當選時，或是有人發表演說之後，也燃放鞭炮。鞭炮和煙火像是代表一個城市的呼喊發聲，宣告整個城市發生的任何活動。
>
> ——蔡國強 (2)

過去十幾年中，蔡國強歷經了一條漫長的探索歲月，遠渡重洋，才奠定他今日成為一位極具創新性及實驗性的藝術家。1957年出生於中國福建省的泉州（那裡到處都是炮竹製造工廠）。1986年移居日本，1995年遷居紐約，居住至今。漸漸地，他發展出一種藝術是過程式的、以活動為主的、隱喻著非物質性的觀念，以及為特定地點（就探討文化、地理的角度）創作的狂熱。由於對這些理念的長久關注，因而引燃他追求具有精神面、奇觀式和娛樂性事物的企圖。於是，他創造出一種藝術形式和語彙：既是事先謀畫好的，而其結果卻又是不可預期的。

> 過去和未來被並置於一客觀的當下。　　　　　　　　——羅伯‧史密遜 (3)

在當今全球快速變遷之際，各國社會、文化、經濟和政治的關係越來越交錯複雜（姑不論這是好是壞）。蔡國強致力於藉藝術之圖像來呈現這樣的關係。他相信利用藝術可以創造另一種新的儀式來激發一種社會參與，一種結合了理想化和精神性而觸發的原動力、深具組織分析，又有流行文化娛樂的價值。蔡國強是一位徹底的實驗藝術家，他融合了東方傳統的媒材和方法（特別是採用中國和日本過去和現今的文化傳統），以及西方藝術史上前衛經典的代表性藝術表達手法（像是地景藝術、現場藝術、表演藝術和觀念藝術等）。蔡國強的藝術表現手法反映了不同的美學和哲學對他的影響，同時他的藝術也寓含著承繼家鄉的傳統，以及得自日後的文化薰陶所融合的成果。蔡國強以一個富有地方傳統色彩的地球藝術家自居；反過來說，他又是一個地方性藝術家投入藝術語彙、策略表現手法，以及具文化社會差異的全球化網路創作工作。

這件焰火表演作品，充分表現了他以時間為基礎，以及富表演性藝術手法的弔詭特色。在焰火乍現乍滅之間中，物質和（解構後的）非物質在剎那間被呈現。蔡國強擁有敏銳的劇場感，他極具野心的實驗創作，沒有例外地皆要求需具有最高的協調能力和組織技巧、勇於企劃與合作，以及對場地狀況作機動性的反應。因此，作品的成功與否，常只在一線之間。蔡國強一直在這一線之間做挑戰，因為焰火和火藥的活動非常複雜，需要對科技具有相當的敏銳度，並且須立即做出符合邏輯的決策。從觀念上和象徵性來說，蔡國強的作品提出了一個重要的議題，那就是：一件以「過程」為主的藝術作品，它的「過程」該多長呢？藝術能夠超越文化、社會和政治所界定的範圍，而創造一種新的人際關係「地圖」嗎？藝術可以超越畫廊和博物館所侷限的空間，起動新的社會交流和溝通的新時刻嗎？

恩斯特・蕭安曾讚頌煙火其無法比擬的高貴，因為它是唯一不在乎長久，只求璀璨剎那的藝術……如果藝術可以從永恆的幻象中釋放自己，如果可以將其自身的短暫內化，認同萬物如孵蟻，則藝術會更接近真實——不再被視為抽象永恆的存在，而是直視自身短暫存在的本質。

——西奧德・W・阿多諾 (4)

　　從1980年代以來，蔡國強就一直從事於利用火藥來作素描和引爆的藝術活動。自然而合邏輯地，到了1990年代，他的火藥及焰火創作演化成更大型的表演活動。1993年，在中國的「戈壁沙漠」他開始了一項大型的地域性、與社會合力籌畫的作品〈萬里長城延長一萬米：為外星人做的計畫第十號〉。這次的藝術創作，在沙漠地景的夜空中，以火藥的燃燒連結，讓長城的城牆軌道短暫的延伸了，也代表著地理、文化、社會和政治領域的重劃。1994年，夜空蛻變成一條火紅的水平線，在一次名為〈地平線：為外星人做的計畫第十四號〉的藝術創作中，日本海岸邊之水平線短暫的被五千公尺長的火藥導火線照亮了。這些外星人系列創作，在理念上是被設計要從外太空來觀賞的，而不是從地球上的實體為著眼對象的。作品或許暗示了一有趣的另類思考，也就是，關於觀眾在欣賞地景藝術時，遙遠距離隔離了觀賞者，使其較無法接近作品的議題。這是蔡國強一直努力要克服的一個問題，他要他的藝術創作讓全世界都看得到。這樣的藝術形式也暗示了一種新的烏托邦主義，在這種藝術創作中，夢想和現實融合為一了。

　　1996年，蔡國強又開始了另一項名為〈有蘑菇雲的世紀：為二十世紀做的計畫〉的藝術創作。在此作品中播放了有關他創作的錄影帶，顯現他在一些著名的地景藝術創作地點及城市（如羅伯・史密遜的〈螺旋狀防波堤〉、曼哈頓的天際線、內華達州的核爆試驗地、麥可・海茲的〈雙重否定〉等）引爆火藥管升空爆炸的情景。他藉引爆動作製造了一朵蕈狀似的煙硝濃雲，維時雖短，但其所造成的悲劇後果，使作品透露出深刻的諷刺性。蔡國強把那具有毀滅性武器的象徵圖像，用來作為個人美學藝術的語彙，是一種蘊含悲愴色彩又帶著希望和幽默感的表現手法。他把自己定位為一個旅客（一個藝術史上、政治史上和美國文化的旅客），再一次重返利用這些已被定位成代表性的地標上。令人出乎意表的是，蔡國強重新把一個世界末日式的影像轉釋成一朵無害的煙花。

　　1990年代後期，來自博物館和各大城市的邀約越來越多，都希望他為特定地點創作特定的主題內容。因此在某種程度上，他的創作重點也從自然的地理景觀轉向都市及人文的文化景觀。1998年，他創作了一件名為〈不破不立——引爆台灣省立美術館〉的火藥藝術活動，寓意著啟動博物館的重建。他使一列壯觀的火藥和導火管在博物館的天空爆炸開來，然後，向下游移，經由天窗及窗戶墜入了博物館。從外面的角度看來，彷彿是博物館的建築爆炸了開來：一種視覺上的象徵，模擬起動博物館的重建。這件藝術創作及繼之的作品，顯示了蔡國強在操作火藥爆炸的視覺及聽覺效果上，其創造性和技術變得更為細膩。而各文化機構中心也了解到這樣的藝術表演，可以很有效地擴大它們的藝術觀眾群。

個案研究：〈移動的彩虹〉

一百萬年只存乎一秒間，但我們總是在其發生的當下就遺忘了那剎那。

——羅伯・史密遜 (5)

　　這件藝術創作帶我們來到了2002年6月29日夜晚的紐約，一場排列壯觀的煙火相繼快速相繼地飛越紐約東河。就如它的名稱〈移動的彩虹〉一樣，在短短不到十五秒的時間乍現乍逝。這件作品共用了一千個煙火彈，連續地從羅斯福島發射。煙火從曼哈頓這一邊漸進地向皇后區那一邊延伸、墜落。那是一場令人目炫的視覺影像演出——像一道快速延

〈移動的彩虹〉活動實施現場，位於紐約東河上的羅斯福島

展的彩虹，短暫的橫跨了（同時也象徵性地連結）東河的兩岸。片刻之後，沒有任何火花光點的遺留，除了那充滿煙硝雲霧的夜空，以及集合在不同地點觀賞這個藝術活動的觀眾心中揮之不去的驚豔體驗：他們共同觀看了在紐約展出的史無前例的夜間藝術活動。凝縮在那幾秒的，是一整年多次的失敗實驗、企劃、草圖設計、協調、妥協、預算以及滿滿的期待。

　　就像其他吸引大批觀眾的藝術作品一樣，這次的創作也有一個很曲折的故事，顯示了蔡國強的藝術是需要結合眾人之力，以及不斷修改設計而完成的。2001年，紐約現代美術館（MoMA）邀請他為美術館計畫在2002年於皇后區設立新的臨時館之開幕活動上設計一件藝術作品。蔡國強於是提出了一個極具企圖心的計畫，他將作品活動分成三階段，既可象徵紐約現代美術館三個部門的組織架構，同時又點出了美術館從曼哈頓橫跨東移至皇后區的歷史時刻。作品的第一階段是以「光柱」（Light Pillars）為主，用六百英尺高的虎尾煙火炮，以每五秒間隔的時間，依序從四個不同的地點來點燃：現代美術館的第五十三街建築、羅斯福島的最南端、P.S.1，以及現代美術館在皇后區的新臨時館。火柱點燃後，由煙火形成的「MoMA」四個字母將發射上空橫跨東河，呈現一壯觀的繁花盛開的景象。第二階段將實地的沿著曼哈頓到皇后區展開，選定一連接行經P.S.1和現代美術館皇后區的第七號地下鐵火車（這是一段升高到地平面上的地下鐵）。蔡國強計畫在火車頂上架構一支長條的導火管，火車起動時就會引爆火藥管，由前面延燒到後面形成一片彩虹瀑布，呈現宛如一飛龍在空中遊走的景象。

　　最後的壓軸，將在現代美術館的皇后區臨時館之藍色屋頂上展開，主要重點在表達對現代美術館館藏的禮讚。一系列包括杜象的〈腳踏車輪〉、馬諦斯的〈舞蹈〉、帕洛克的〈1950年第三十一號作品〉，以及其他具有時代意義象徵的作品，都將出現在這棟建築的屋頂上。兒童戲耍的煙火陸續升空後，再使這些藝術鉅作的影像逐一浮現。然後是攝影照片及錄影片投射在那煙火釋放後形成的雲幛上——這是一面會慢慢消逝的螢幕，在它的消逝中也同時殘蝕了這些藝術鉅作複製品的合法性。

　　蔡國強這件作品的構想必須與市政官員以及地方代表的相互協調、溝通，所以在某種程度下，這件作品可以說是由他們共同完成的。經過討論後，蔡國強明白了九一一事件後紐約市民的焦慮，他們可能會對高聳的建築以及火車行進中發生巨聲爆作感到驚慌和困惑。由於這些顧慮，於是蔡國強重新修改他的計畫。新的企劃只包含兩個活動，取名為〈移動的彩虹〉。〈移動的彩虹 I〉安排了七道水上煙火，每一道煙火的顏色都呼應了彩虹的七個顏色之一。先分別在曼哈頓和皇后區的東河水域上架設電動快艇，煙火則以電子儀器操控，同時於曼哈頓這一端和皇后區的那一端點燃，乍時一道蜿蜒的彩虹將以每秒一百英尺的速度連接東河兩岸。〈移動的彩虹 II〉乃是由第一個企劃中原要利用地下鐵火車的構想演變而來，因為紐約市大都會捷運主管單位有很多疑慮，認為基於安全的考量，在地下鐵火車架設煙火的計畫不可行。為了實現〈移動的彩虹〉的創作計畫，溝通的層面史無前例的廣及藝術家、美術館、古極（Grucci）煙火公司、紐約市消防局（以取得燃爆許可證）、海軍航空聯隊（在煙火釋放地區的上空視察以維護安全），以及海岸保警隊（協調東河水域的使用時間表）。在協調的過程中，為了顧及海岸保警隊因防範恐怖分子的威脅所設的限制，蔡國強很有創意的發展出另一個計畫，他用一個類似柔道的方式來改變他的設計，他決定不從水上發射煙火，而改在羅斯福島的最南端分別以不同的角度來發射。

　　由於這項設計需呈現七種顏色（紅、橙、黃、綠、藍、靛、紫），蔡國強決定要使整個活動過程直到結束之前，視覺上都能維持著彩虹的那道影像，藉不斷地點燃煙火殼直到整道彩虹同時燃亮。每個火藥殼都含有一個電腦晶片，可以操控煙火於升空三秒後才爆炸，如此可以準確地掌握每一顆煙火彈爆炸的高度，以創造彩虹的彎度。這個修改後的企劃，創造了更好的觀賞機會，而且可以更完美地塑造那謎樣的彎弓造形，因而更能模擬出彩虹的形狀，同時也去除了可能因水的浸淫而無法點燃煙火的問題。

　　這道彩虹可橫跨六百英尺長，最高點距離地面三百英尺。在結束的最後十二秒中，整道彎彎的彩虹浮現出來。而消散片刻之後，彎弓影像又將再度在一聲巨響中重現全貌，彩虹最後一次以閃爍的姿態呈現它的奇觀。

　　文獻影片的記載只是一種不完美的記憶的替身，也是〈移動的彩虹〉唯一留下的記錄。除了所有的五官感受無法被攝影和錄影所紀錄之外，即使是連攝影煙火都是出名的困難。這主要是由於光線的變化極劇、風向的不可捉摸影響了煙霧的樣式，也影響了「影像」的清晰度（而影像的本身就是瞬間的），以及活動本身就具有短暫而無法重現的本質。基於過去多年的火藥及煙火創作經驗，蔡國強發展出一套細膩複雜的紀錄方式，幾乎與其煙火作品本身的科技一樣複雜。蔡國強和其首席攝影師 Hiro Ihara 自1996年即合作至今，由他指導的一個由十七位攝影師組成的攝影團隊，共同合力辛苦的精確紀錄〈移動的彩虹〉這件活動作品。他們小心地選擇攝影點（分別指派攝影師駐守在東河的兩岸、不同建築物的屋頂上、橋上、直升機上、以及其他令人意想不到的地點），另外，還有三名深諳煙火的攝影師特別為了這個活動從日本專程飛來。這個以攝影和錄影為主的紀錄文獻變成了作品生命的一部分，紀錄這「藝術品作為一項活動」以及「活動作為一項藝術作品」的過程，為這短暫的藝術表演提供了影像的留痕。

　　對藝術家來說，彩虹是希望和承諾的象徵，它出現在暴風雨之後。因此，彩虹這個圖像非常適切地表達了一個後九一一時代的紐約市，同時也以一種喜氣的方式來慶祝現代美術館臨時新家的開幕。就在那爆炸的時刻，快速綻放的色彩，壯麗而短暫的呈現在空中，藝術的向度已然被重新定義成：開始就是結束。在短暫的爆炸中，是時間的壓縮凝結，不管是事實上或是象徵性的：一年幻化成十五秒。

觀眾、認同、蛻變

在蔡國強的作品裡，他創造了一個現代版儀式的場景，在他的活動中，觀賞者被邀請來見證他用一種獨特的美學語彙建構在一個共同被接受的觀念和做法上。然而，他卻不希望他的觀眾是被動地接受；相反地，觀賞者在這一場被煙火燃放所起動的社會場合中是積極的參與者——我相信這是蔡國強美學理論中一個最重要的面向。來觀賞蔡國強以火藥為主的藝術創作的觀眾並不是突然地匯聚；相反地，他們同是被那短暫卻又極為燦爛美麗的焰火表演所驅動，因而改變了他們日常人、事、物、地的關係。換句話，蔡國強並不是單純地對編排一場戲劇性的奇觀本身感到興趣，而是他要藉用煙火這個大眾的語彙當做圖像工具來為個人和團體做改造。

他這些理念性的作品以及為吸引更多的觀賞者而作的設計，是用來激發觀眾之間那共同的觀賞者關係，同時也創造一種更寬廣的、較無法預期的社交空間。蔡國強的藝術創造了一種新的融合式的文化表現語彙，結合了一般大眾的高度參與性以及觀念的完整性（並且是一種帶有啟示性的娛樂）；同時也點出了人類對現代科技難以掌握的永久不變的關係。（中譯：張妙文）

註1

1. Theodor W. Adorno, *Aesthetic Theory*, trans. Robert Hullot-Kentor（Minneapolis: University of Minnesota Press, 1997），p. 81.

2. Cai Guo-Qiang in an interview published in *Cai Guo-Qiang* （London: Phaidon, 2002），p. 14.

3. Excerpt from Robert Smithson's "Entropy and the New Monuments"（1966）in Jack Flam, ed. *Robert Smithson: The Collected Writings*（Berkeley: University of California Press, 1996）.

4. Adorno, op. cit., p. 29.

5. Smithson, op. cit.

Part I
爆破作品

人類之家──爲外星人做的計畫第一號 '89多摩川福生野外美術展 1989 日本東京

製作了一個遊牧民族的包，在太陽下爆炸後，移到神社展出。

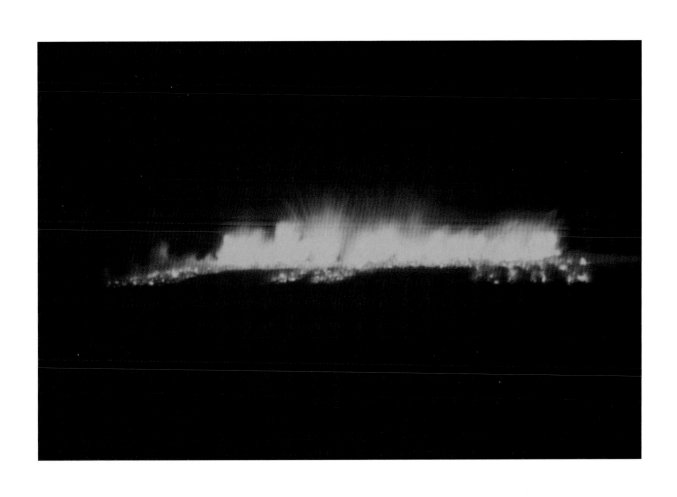

胎動——為外星人做的計畫第五號　第七屆日本牛窗國際藝術節　1990　日本岡山

在距地表十公分之處埋下火藥和導火線，點燃之後，火光自地表噴出。這一大
地胎動的過程，也在地震儀的記錄下保留了下來。（編按）

胎動二——爲外星人做的計畫第九號 遇見異己：卡塞爾國際美術展 1992 德國卡塞爾 漢穆登軍事基地（p.32-33）

「爲外星人做的計畫」是一系列把地球視作宇宙的一個行星，而與其他星球進行對話的作品，藉著在中國延長萬里長城、在日本製造黑洞與地平線、在德國再建柏林圍牆、在世紀之交關掉地球的電燈兩秒，蔡國強爲外星人展示了地球的歷史，同時使地球人意識到作爲共同體的彼此，以及其相對於宇宙的微渺。

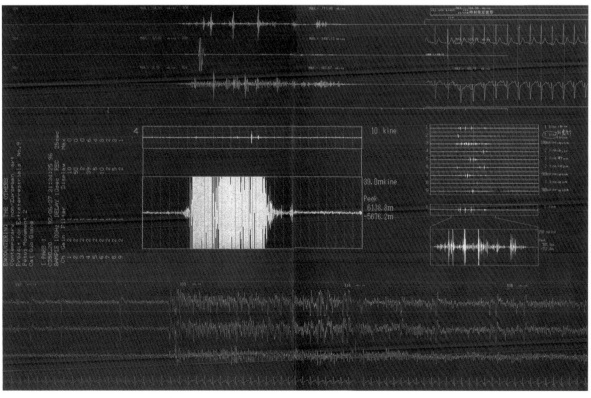

蔡國強坐在溝渠圍住的小島中心，爆炸進行時，以儀器記錄下他的心跳、腦波及大地的地震波。

萬里長城延長一萬米——爲外星人做的計畫第十號　1993　中國嘉峪關（p.34-35）

蔡國強自長城最西端的嘉峪關開始，往戈壁方向鋪上一萬里的火藥與導火線，
入夜之前點燃火藥，在每一公里處立一個烽火台升起濃煙，一座瞬間的硝煙和
火光的牆，實現了延長萬里長城的計畫。（編按）

地球也有黑洞——為外星人做的計畫第十六號 1994 日本廣島 廣島當代美術館及日本陸軍司令部基地舊址

在廣島陸軍司令部舊址的地中心挖下深洞後，鋪設火藥和導火線，接著自空中引爆。火焰螺旋式盤旋降下，隨著火光消失於深洞中心，地球的黑洞於是形成。全程三十秒的劇烈爆炸聲傳至城市各個角落。（編按）

海上工作船正在鋪設導火線

地平線——為外星人做的計畫第十四號 1994 日本磐城市立美術館及海面

在磐城市民一人一米的導火線的支持下，將經過防水處理的導火線置於離岸四公里的水平線上，點燃導火線後，一條五公里長的火線隨即畫在水天一色的夜幕中。

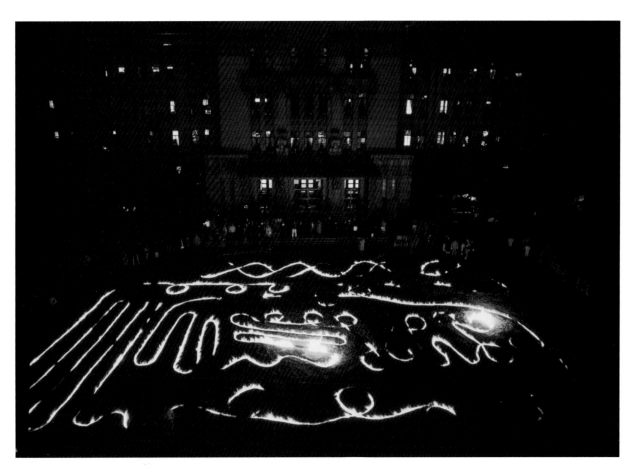

來自長安的祝賀 平安建都一千二百年祭 1994 日本京都 市政府廣場

蔡國強至西安說服西安市政府提供一千兩百公斤的西鳳酒，作為姐妹
市京都的誕辰賀禮。在吉祥符號於京都市政府廣場燃燒的那一整個鐘
頭，酒香不僅使全城都醉了，也顛覆了政府的古板官僚派頭。

有限制的暴力——彩虹：為外星人做的計畫第二十五號 第一屆約翰尼斯堡雙年展 1995 南非約翰尼斯堡

曼德拉透過「有限制的暴力」將南非建立成「彩虹國度」的說法給了蔡國強靈感，他在南非最有名的發電廠的牆上安裝火藥和導火線，引爆後，有限制的爆炸在窗玻璃上炸出了彩虹，對應著曼德拉的政治思想：暴力既可用作邪惡，也可用來指向和平。（編按）

有蘑菇雲的世紀——爲二十世紀做的計畫 1996 美國紐約（p.40-43）

〈有蘑菇雲的世紀——爲二十世紀做的計畫〉是一組以小見大的作品，表現出二十世紀人類文明的標誌符號——蘑菇雲。蔡國強將傳眞紙內的捲紙管灌入鞭炮火藥，舉在手中，一點火就會炸出一朵小小的蘑菇式雲朵。而這種美麗的雲朵卻讓人聯想到核武的恐怖和文明的矛盾，沒想到事後紐約眞的發生了9.11恐怖事件。連續圖片爲當時蔡國強面對美國紐約雙子星世貿大樓、內華達核子試驗基地、鹽湖城等地點燃手中蘑菇雲朵的記錄。（編按）

紐約市區（上圖）
紐約市自由女神像前（下圖）

內華達核子試驗基地（上圖）
內華達核子試驗中心旁（下圖）

麥克·海茲（Michael Heizer）的大地作品〈雙重否定〉（Double Negative）旁　美國內華達州（上圖）
羅伯·史密遜（Robert Smithson）的〈螺旋狀防波堤〉（Spiral Jetty）旁　美國大鹽湖（下圖）

藏龍臥虎——真正的收藏 紅門展 1996 比利時 根特市美術館 （p.44-45）

為美術館的委託收藏的計畫。蔡國強故意把作品炸在美術館的收藏庫牆
上，使作品永久的藏在深閨人未識之處。

飛龍在天——爲外星人做的計畫第二十九號　1997　加拿大渥太華國立美術館（p.46-47）

一百公尺長的龍風箏上帶著十公斤火藥飛在空中，遙控點火，火龍即瞬息呈現天上。

飛龍在天——爲外星人做的計畫第二十九號 1997 丹麥 路易斯安娜現代美術館（p.48-49）

不破不立——引爆台灣省立美術館 1998 台灣台中 國立台灣美術館（p.50-53）

1998年蔡國強引爆台灣省立美術館的作品「不破不立」，是以休館整建前的台中省立美術館的內外空間為場所，以「破」「立」為名，從上至下、從一端至另一端，用火藥炸過全館，象徵「浴火重生」的作品。這場「演出」視覺震撼性極強，火龍驚人的貫穿、出沒全館，爆破後在建築壁體上留下的繪畫，令人歎為觀止。（編按）

金飛彈 欲望場域:台北雙年展 1998 台灣 台北市立美術館

〈金飛彈〉因為要在台北市立美術館上空發射,曾引起松山機場起降航道安全的顧慮,交涉後,民航局特別同意為〈金飛彈〉關閉航道十分鐘,讓作品順利完成。兩百個金色飛彈同時發射上天,在空中再一次打開,以一朵朵印上金幣的降落傘緩緩飄落。該作品用藝術化解海峽兩岸政治上的飛彈危機,同時也暗示經濟飛彈的誘惑不可阻擋。

龍到維也納旅遊──爲外星人做的計畫第三十二號 蔡國強個展：我是千年蟲 1999 奧地利 維也納美術館 （p.56-57）

爆炸像一條書法的線條在維也納的天上劃過，無論歐洲人多麼期待或多麼擔心，該來的中國的旅遊者還是來了。

祝賀 S. M. A. K 美術館開館展 1999 比利時根特 S. M. A. K 當代美術館

蔡國強的方案原先是要把作品的製作費以比利時紙幣圈成一串鞭炮炸
了。因為內政部答覆，如果這樣將可能判無期徒刑。後改為買了當地
的賭場彩券做鞭炮。

禮炮 大地的安寧展 2000 巴西薩爾瓦多 巴依亞現代美術館

在巴依亞的小城裏，有許多未成年的犯罪小孩。他們成了很
大的社會問題。為了讓孩子們重返新生，聯合國組織了自願
團，招來了全世界有名的文學、藝術等各種不同領域的專家
和當地AXE的組織配合，給學生講課。在教育和改造他們的
同時也幫助他們創造就業機會。蔡國強在講學和孩子們的交
流中，還親自拜訪了孩子們的家，瞭解他們的身世。然後以
一種「以毒攻毒」的方法，讓孩子們設計大炮並製作大炮。
當小孩們設計的大炮，爆出了一朵朵的花火，受到人們的讚
賞時他們自己都非常感動，他們學會了人的能量可用於破壞
社會也可用於造益社會的道理。 幾年後孩子們身上還一直
珍藏著蔡的照片。

APEC 景觀焰火表演 2001 中國上海 亞太經濟合作組織（p.60-61）

2001年亞太經合會（APEC）首次在中國舉行，由蔡國強擔任這場
史無前例的焰火表演的總設計。長達二十分鐘的焰火秀，成為
APEC 活動中最吸引眾人目光的壓軸戲和難忘的記憶。雖然這場演
出，蔡國強認為不能算是他個人的一件正式作品，而是一件國家作
品。（編按）

移動的彩虹 2002 美國紐約 現代美術館 (p.62-63)

為紐約現代美術館（MoMA）從曼哈頓暫時遷到皇后區而作，同時打破了9.11後禁止使用焰火的規定，這座象徵雨過天晴、令人鼓舞勇氣的彩虹，是史上第一次使用電腦晶片裝入焰火彈的傑作。

走上樓梯 2000 紐約軍械庫 美國紐約

20世紀初的藝術家杜象（Marcel
Duchamp）曾經在紐約軍械庫展出其
美術史經典作品〈走下樓梯〉
(Descending a Staircase)，在21世紀之
交的時刻，蔡國強選擇在同一地點展
出他特殊的爆破計畫〈走上樓梯〉。
（編按）

為〈藍龍〉作的試驗

藍龍 美術的力量——縣立美術館開館表演 2002 日本神戶 兵庫縣立美術館

為紀念神戶大地震而建立的美術館開館當天,在九十九艘小舟裡裝滿酒精,
藍色的火焰形成的一條龍,在拖船的帶領下,蜿蜒經過美術館前的河面。

空靈的花 蔡國強個展：空靈的花 2002 義大利 特倫多市立美術館（p.66-67）

蔡國強爲多倫多市的巨大墓場，特別設計了三分鐘讓過去的市民們（死者）
欣賞的焰火表演，一朵朵鮮花好景的焰火，溝通了今生和往生、天上和人
間。

天空中的飛碟和神社 十勝國際當代美術展：穀神 2002 日本北海道帶廣競馬場（p.68-71）

原計畫是讓飛碟般的氣球，載著一座小神社浮在城市的上空。但是在開幕前，突發的颱風幾乎把氣球刮走，所以不得不劃破氣球取消原計畫，改爲在氣球內外架設火藥，使之爆炸出像一個旋轉的飛碟。

69

UFO的裡面也同時和外面呈逆時針方向爆炸

錢袋　畫廊展　2002　英國倫敦　皇家美術學院（p.72-73）

在泰德現代美術館的大展廳裡公開創作〈葉公好龍〉草圖的過程

葉公好龍 2003 英國倫敦 泰德現代美術館（p.74-75）

爆炸從千禧年橋上跨過泰晤士河，然後在美術館的建
築上盤旋，最後消失在煙囪頂上。

光輪——中央公園的爆破計畫 2003 美國紐約（p.76-77）

作品意圖在9.11兩週年時，在空中炸出一個巨大（高三百公尺）的光輪。但計畫實施日的上午，由於接到炸彈恐怖威脅的電話，警察關閉了正在緊張安裝的現場，檢查了地上、地下的所有設施；傍晚又遇到一場大雨，結果自然、人為的原因很大地影響了作品的最終效果。

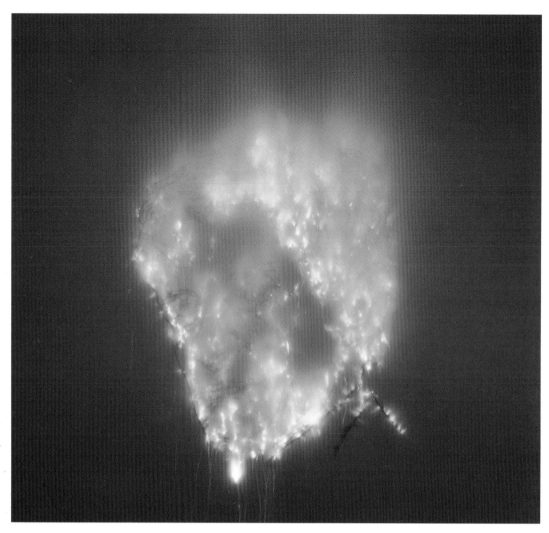

遺產──爆炸楊‧荷特肖像　蔡國強個展：隨意的歷史　2003　比利時根特S.M.A.K. 當代美術館

在楊‧荷特作為館長的最後策展展覽上，引爆在美術館大廳正面牆上的這位美術館創立者、比利時的偉大文化名人的肖像。特意留下一個「遺產」難題，看下任館長何時可以塗掉這個威權者，讓牆壁歸還給其他藝術家們展示作品。

〈在巴黎建一個中國塔〉設計圖 為中法文化年做的計畫 2003 法國巴黎 龐畢度文化藝術中心

使用七千個電腦晶片焰火彈，炸出一個和艾非爾鐵塔一樣高的中國塔。因爲官僚原因，作品
未能實現。

設計圖

〈在天空繪山水畫〉 2004 美國聖地牙哥 米拉馬空軍基地（p.80-81）

在美國軍隊最大的展示武力的航空展上，插入蔡國強的作品，以藍天爲畫
布、機身爲畫筆，用白煙在天上畫下中國文人畫：高山流水、天人合一、
寧靜平和的意境。

80

現場圖

自動銷毀 2005 （我私人的）英雄展 德國 馬爾塔赫爾福特美術館 （p.82-83）

一輛載滿了焰火的小車經過美術館門口，邊行進邊爆炸，煙火由車頂、車窗、擋
風玻璃射出。這一分鐘的爆破開啓了由法蘭克·蓋瑞（Frank Gehry）設計的新美
術館的開幕展及一連串活動。

黑彩虹——瓦倫西亞爆炸計畫 2005 西班牙瓦倫西亞 現代美術館（p.84-86）

〈黑彩虹——瓦倫西亞爆炸計畫〉是蔡國強為世界各地城市創作的系列作品
之一。黑彩虹於晴天白日下在不同城市的出現暗示了如今由於恐怖活動而
瀰漫全球的不安情緒。是蔡國強爆破美學的另一範例。

〈黑彩虹〉設計圖

〈雷閃〉設計圖

〈菊花〉設計圖

〈花籃〉設計圖

〈綿冠〉設計圖

〈虎尾〉設計圖

〈瓦倫西亞爆炸計畫〉設計圖

〈黑彩虹——愛丁堡爆破計畫〉 2005 個展：暗黑中的生命 英國愛丁堡

這是蔡國強繼瓦倫西亞的黑彩虹爆破計畫後的第二個黑彩虹。愛丁堡
是一個具有靈性的城市，也是許多附帶巫術、先知、通靈色彩的歷史
人物的故事背景地。蔡國強在水果市場美術館的展覽特別對不可見的
世界進行探索，與他泉州家鄉的鬼故事傳統產生交流與聯想。黑色的
彩虹在城堡上空，原先是試著對纏繞著城堡的鬼魅們進行溝通和呼
喊，而爆破計畫進行前的兩星期，倫敦市區發生了恐怖份子爆炸事
件，使得黑彩虹與現實世界人們的不安情緒有更深一層的連結，也反
映出藝術與時事間的對話及它引起人們思考的社會功能。

紅旗 個展：天堂 2005 波蘭華沙 札契塔國家美術館

蔡國強在華沙札契塔國家美術館大門口張起一面紅
旗，以總約兩秒的瞬間回顧了一場轟轟烈烈的革命…
…。（編按）

龍捲風——爲中國文化節做的爆破計畫 2005 美國華盛頓 甘迺迪表演藝術中心

龍是中國文化的象徵，而在華盛頓出現的龍捲風是代表中國近年來在全世界造成的不可阻擋的旋風，無論是歡呼還是擔憂，它的力量已經無所不在。蔡國強在波多馬克河畔，先以九條施放焰火的「舞動小船」開場，與該中心的表演藝術傳統相呼應，然後再由河上發射兩千多枚晶片煙火彈，製造高達五百英尺高絢麗震撼的龍捲風，爲中國文化節開啟序幕。

爲華盛頓中國文化節設計的開幕作品——龍捲風·象徵著席捲全球的中國經濟、文化、政治的力量。

用神祕創造神祕
蔡國強的「火藥畫」

高名潞

自1984年開始，蔡國強製作了一連串以帆布、紙、木板、甚至博物館內部牆壁等各種材質為畫布的「火藥畫」。這些「繪畫作品」是在空白畫布或蔡國強預先以油彩畫下的圖像上點燃火藥所形成。火藥爆炸後燒焦成疤的痕跡成為兩度空間的新神祕性世界的不可分割的因素。它們似乎毫無疑問是繪畫，並且從中可辨認出西方抽象畫或中國傳統水墨畫的抽象因素，特別是中國藝術史學家所稱的「文人畫」的很多特徵。

然而，蔡國強的作品既非自我表現的文人畫，也非西方傾向於平面性與抽象概念的抽象表現主義。他的企圖並不在於發現一種新藝術及其相應的形式技巧，而是意在銷毀主體性。此主體性在八〇年代的中國社會背景中，和先前的國家意識形態或新興的前衛烏托邦理想 (1) 有著密切的關聯。事實上，去意識形態化（de-ideologization）的觀念可以說是中國八〇年代觀念藝術運動的最主要的共同目標。當時，包括蔡在內一群重要的中國藝術家，比如黃永砯、徐冰、吳山專、谷文達和宋海冬 (2) 等人，都創作了許多極具啟發性的觀念藝術作品，這些作品構成了前衛群體在所謂的「八五美術運動」中最為極端的藝術實踐活動。這些藝術家將達達主義和中國禪宗結合起來，以此作為他們的武器和方法，同時選擇中國文字、書法和傳統水墨畫的形式作為他們的基本媒材。八〇年代的中國觀念藝術家可被視為一群對傳統和保守勢力極具毀滅性和顛覆性的，然而又戴著很具建設性和文雅的傳統文化面具的文化戰士。

在蔡國強的「火藥畫」中，他的主要興趣是如何利用天然火藥的爆破威力去創造神祕的力量及其形式，而非用手和腦的通常的繪畫操作來創作。其結果是，他用一種完全隨意的手段創造出一種全然無法預料的結果。更重要的是，正是由於非人力的火藥爆破使藝術家得以擺脫人類既有思維模式和美學技巧的限制，爆破的過程得以超越那些在傳統繪畫和當代藝術作品中隨處可見的、依人類理性意識所製造和編織的的幻想世界。

當然，爆破的實現無疑需要藝術家的運作，如控制火藥的量和爆破點和畫布之間的距離、為有限的點燃時間選擇適量的導火線等。因此，我們可以認為，畫布表面所留下的痕跡，至少可以部分地被看做為藝術家個人活動的紀錄。

但是，這些個人因素完全不是蔡的關注點，他關注的是如何可以讓神祕的力量本身去創作某種神祕的視覺形式。蔡國強的「火藥畫」力圖在「畫」最終形式中銷毀每一絲個人意圖的痕跡，他的繪畫有意地顛覆「個人天才」或人類之「特權」和「優越感」的觀念。蔡國強和某些西方藝術家（例如安迪・沃荷，曾以印刷作為抹去個人精神性格的機械複製方法）不同，他利用「環境力量」抹去藝術家執行自我「意圖」、呈顯自我「動機」的欲望。這種「無自我」（ego-less）的爆破反而製造出一種遠比個人意志要神祕的「人工造物」，和人工抽象畫同出一轍。沃荷的主要方法是試著使藝術家本人「成為機器」(to be a machine)，而蔡國強最重要的策略則似乎是「成為巫師」(to be a shaman)。對蔡國強來說，火藥爆破的力量遠大於任何純屬人為的力量。蔡國強的這個觀念靈感的來源可以追溯到八〇年代的中國「文化熱」。那時，偏遠地區史前藝術的考古新發現大大地激勵了包括蔡國強在內的年輕藝術家的文化熱情和遠古遐想。

原始藝術的主題靈感在蔡國強早期的火藥畫中明顯可見。1984至1987年期間，蔡國強

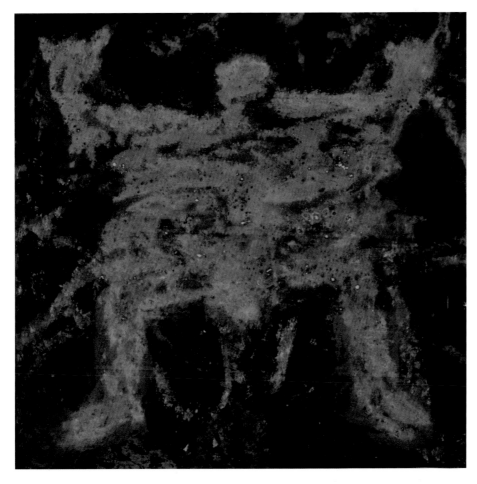

楚霸王 1985
火藥、油畫、布
155×150cm
中國 福建泉州

陰影、祈佑
1985 - 1986
火藥、油畫、布
155×300cm
中國福建泉洲
1987
日本東京外國記者俱樂部

作品表現出原子彈災難以
及對和平的祈願，畫中人
物為自畫像，黃色為火
藥，其餘為水墨和油彩。

的火藥藝術主要集中在三個主題上：原初主義、宇宙和人。原初主義的影響來自於考古學家在中國西南方的內蒙古陰山和雲南的滄源地區所發現的「岩畫」(3)。蔡國強曾旅行該地，用畫布為古代石刻製作拓片，然後點燃畫布上的火藥，藉爆破的超自然力量使古代之謎（岩畫）起死回生。蔡國強相信，這兩種「氣」的原初形式之間的碰撞，會激發出遠遠超越人的理智和掌控力限制的新生命和新意義來。

　　透過超越人的意圖和理智，蔡國強把藝術創作中「人」的決定因素抽離開來，以超自然力量替代之。火藥其實是中國人的發明，原是作為宗教儀典之用，而非用於戰事。常被和巫醫和巫術聯想在一起的煙火，其實也帶有傳統中國哲學觀中宇宙源自元素的含義。古代人相信，宇宙初始時，是一團活動劇烈、混沌無序的「元氣」。蔡國強的火藥畫的製

作過程，即類似遠古人們對宇宙神祕的直覺感應。爆破遺留下的痕跡與其說是抽象形式的一種表達方式，不如說是藝術家將某種人們無法掌握的形而上神祕力量的感知結晶。

蔡國強的「迷信」並不會使他的火藥畫變得不忍卒睹或無法讓人欣賞。相反地，這些「繪畫」和其他屬於人為的繪畫並無不同。從技術層面來看，蔡國強的火藥畫特別有趣的一點是，它可以被理解為另類的傳統水墨畫，只是它的技術與傳統技巧完全不同，甚至南轅北轍。火藥爆破所造成的樣貌，和中國水墨畫那種在有意和無意之間產生的不可預期的效果很相似。煙火在畫布上留下的豐富痕跡創造了另一種「墨分五色」的「水墨」效果。因此，蔡國強把這叫做「火墨」畫。

不論是「水墨」或「火墨」，重要的是，兩種方法都在畫的表面留下了碳墨的物質實體的痕跡。在「水墨畫」和「火藥畫」裡，圖像的形體皆由層層鋪疊的碳以各種密度形成。爆破後的火藥將碳直接燒進畫布裡或紙張上，而傳統的畫筆則是讓液體蒸發，在畫底上留下碳層。火和水都是自然元素，在古代中國道教的「五行」理論中正好彼此相剋。儘管如此，蔡國強仍發現，火燒製造出的效果有時卻與水墨相近：火藥畫中陰影相疊的層次，在傳統水墨畫中也隨處可見。由於他不斷探索爆破技巧，火藥畫也許可以製造出更高密度的、更為五花八門的形式和形象。

蔡國強的火藥藝術是透過點燃火藥所形成的。它們不是表演藝術，也不該被視為此類表演的文件紀錄，因為畫布上所留下的痕跡並沒有記錄下藝術家任何活動的直接效果。「潑」在作品表面上的「墨」不僅是爆破過程最有力的見證，同時也為煙火獨特的表現力留下了證據。而蔡國強在爆破過程中扮演的角色，一方面是拿捏平衡的執行者，另一方面是使自由（即在空間中自由伸展的爆破過程）和不自由（即畫布和畫框的有限空間）進行談判整合、合而為一的創造者。

八〇年代晚期，蔡國強開始擴大火藥畫的規模，同時將爆炸拉到戶外，在公共廣場、鐵路、市府大樓、海洋和沙漠等各種公共空間和大自然中進行爆破。1989年，他開始了一系列的「為外星人做的計畫」（Project for Extraterrestrials）(4)。計畫中的一系列大規模爆破，目的在於傳送信號至宇宙中，由此建立起地球和其他星球間的對話。計畫中大部分的作品都十分龐大，廣及一萬平方公尺，長達十公里。雖然計畫需要在多達百人的協力下才能執行，但這些作品是要從宇宙，而非地球來觀看的。蔡國強的火藥爆破概念從八〇年代晚期以來也逐漸改變：作品不再以表達美學概念為主要目的，而是企圖鑄造出幫助藝術家達成更遠大的「超人類學」方案的工具。雖然他之前的爆破作品也試圖開啟人和超自然力量之間的對話，但對話的管道是實體化的繪畫，還是侷限於人類彼此之間的溝通，去領悟神祕的感應。然而如今，他開始用地球本身的表面作為一張大「畫布」，並以火留在地球表面的疤痕作為訊息，傳送給神祕的宇宙。火藥爆破的見證人不再限於藝術家本身和一小群人，而是更廣大的人群（或許還廣及其他星球的生物）。再者，在蔡國強看來，和天體進行對話比地球上的人們互相溝通更為要緊。唯有我們遠遠超越人類自身的限制，進行星際的宇宙對話，才能使我們脫離邏輯的有限框架，找到人類的真實位置和空間。他的企圖已不再限於揭露和破壞存在於人自身的不同的觀念和經驗之間的阻隔和障礙；如今，他的重心轉移到更為寬廣的建立人類和宇宙之間的對話的宏偉意圖之上。他想用更神祕的方式去揭示更大的神祕。（中譯：謝汝萱）

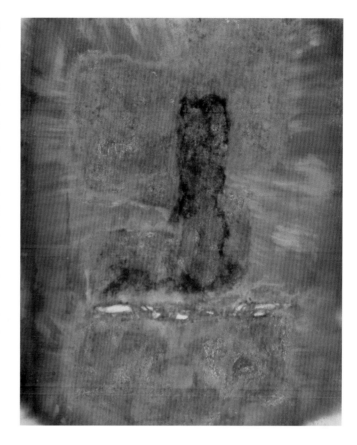

火藥畫 No. 8-10 1988
火藥、油畫、布
227.3×181.8cm

本文原收錄在德國萊比錫美術館2002年《不用繪的畫展》（Painting without Painting）的畫冊 *Malerei Ohne Malerei* 中。

Gao, Minglu. "'Painting' Made by and for the Mythical:Cai Guo-Qiang's 'Gunpowder Paintings.'" *Malerei Ohne Malerei*. Ed. Herausgegeben von Dirk Luckow und Hans-Werner Schmidt. Leipzig: Museum fur bildende Kunste, 2002. 140–142.

註 I

1. 約八〇年代中期，即文化大革命（1966—1976）結束的幾年後，一個前所未見的前衛藝術運動 ── 「八五美術運動」── 在中國出現。此運動的其中一個主要潮流是「中國觀念藝術」，它的首要目標在於找出建立西方當代藝術和中國傳統哲學之間橋樑的新方法，進而脫離傳統的藝術觀。有關中國過去二十年來的前衛藝術運動，請見高名潞所編《蛻變突破 ── 華人新藝術展》（*Inside Out: New Chinese Art*）（柏克萊：加州大學出版社，1998）。

2. 有關觀念藝術的各個團體發展，請見高名潞〈以反觀念態度看觀念藝術：中國大陸、台灣和香港〉，出自《全球概念論 ── 起源各論1950s—1980s》（*Global Conceptualism: Points of Origin, 1950s—1980s*），展出於紐約皇后美術館，1998，126—139。

3. 「岩畫」一辭為中國考古學家所創，用來指在石巖上雕刻或繪畫的圖像藝術作品。自七〇年代以來，在中國的偏遠地區發現了許多這類「岩畫」。雖然岩畫的年代尚不明，但可能是西元前九世紀和西元後十五世紀之間的作品。

4. 有關蔡國強的「為外星人做的計畫」，詳見費大為的文章〈業餘的亂搞──關於蔡國強的作品〉，以及桃樂西·查爾斯（Dorothee Charles）所編的《蔡國強》（*Cai Guo-Qiang*）（紐約，2000）中美麗的紀實照片。

Part II
火藥草圖與油畫作品

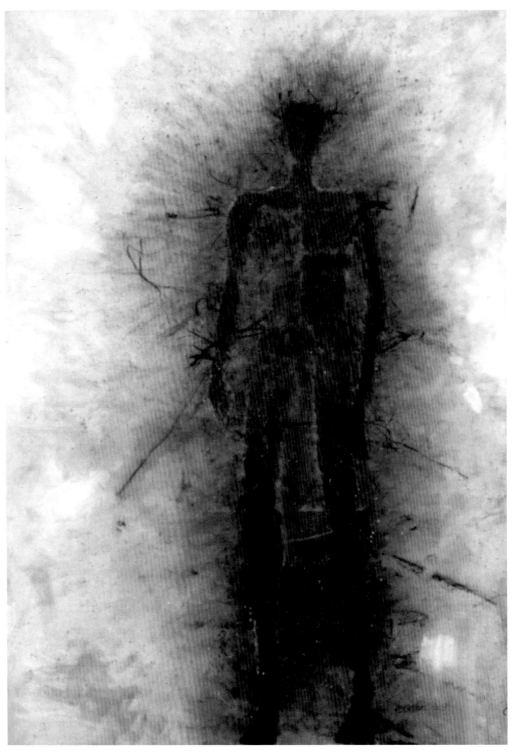

自畫像 1985 火藥、油畫、布 167×118cm

空間 No. 1 1988 日本東京 Kigoma Gallery

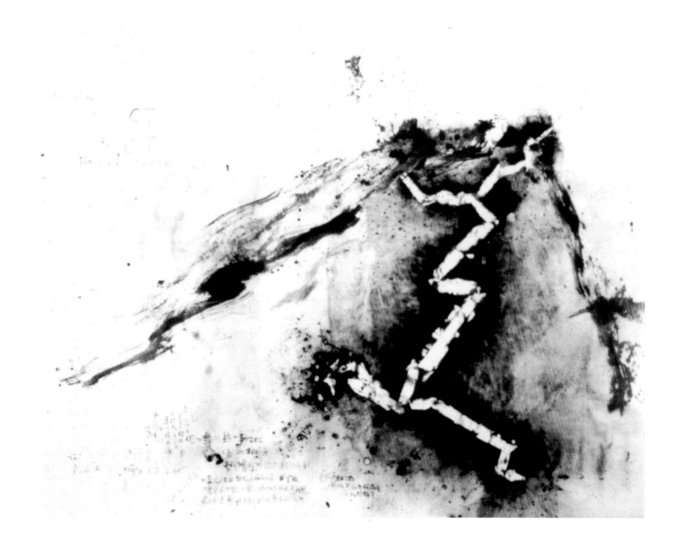

昇龍——為外星人做的計畫第二號 1989 火藥、水墨、紙 約 210×280cm 法國普羅旺斯

龍在中國文化中既是大自然的力量表現，也暗示人欲掙脫自身重力、連接上天的夢
想。透過〈昇龍〉，蔡國強欲將人的夢想藉由火光帶至空中，是提出給「爲了昨天的
中國明天」展覽的計畫。（編按）

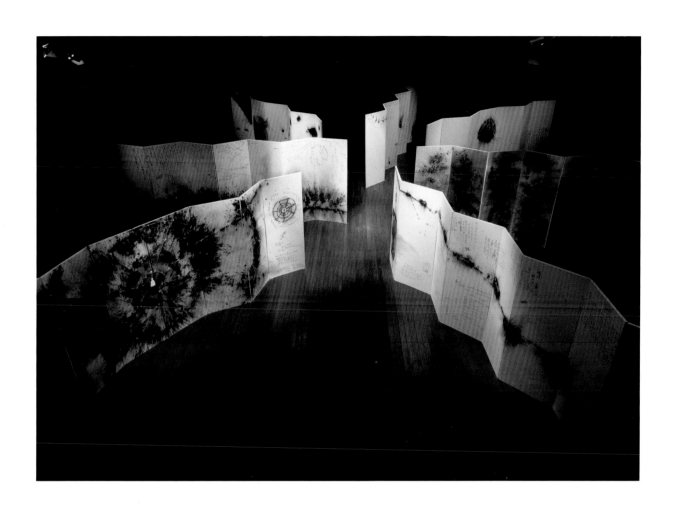

原初火球——為計畫做的計畫 1991 日本東京 P3藝術和環境研究院

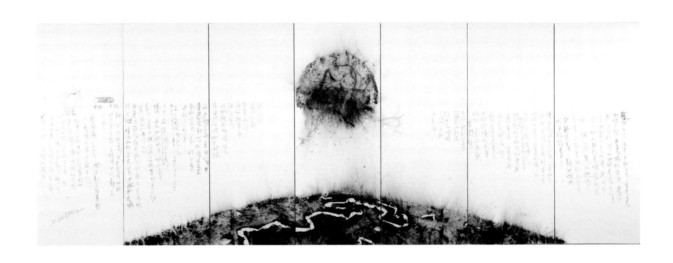

月蝕——為人類做的計畫第二號 1991 火藥、紙 200×595cm

胎動——為外星人做的計畫第五號 1991 日本 東京都當代美術館藏 火藥、紙 200×680cm

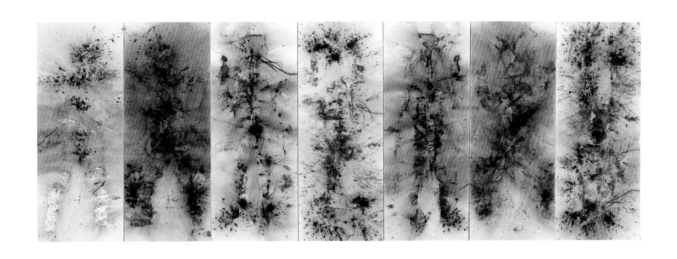

時空模糊計畫 1991 火藥、紙 200×590cm 卡地亞當代藝術基金會美術館藏

烽火台——為外星人做的計畫第九號 1991 火藥、紙 200×680cm 日本 東京都當代美術館

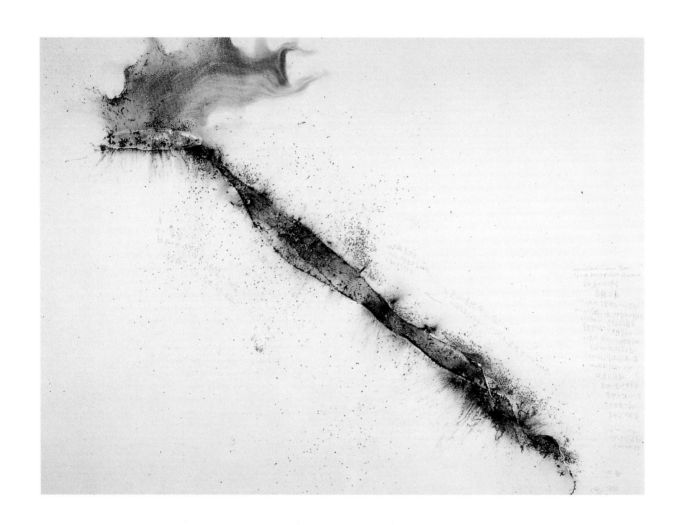

櫻島火山時空逆轉計畫 1991 火藥、紙 300×400cm 日本櫻島

蔡國強的「火藥畫」與爆炸計畫發生關聯，更是想像世界的
視覺化。許多未實現的爆炸計畫在他的「火藥畫」中獲得了
表現，〈櫻島火山時空逆轉計畫〉即是其中之一。面對曾經
造成無數傷亡的櫻島火山，蔡國強原欲將火藥由海底一路鋪
設至山頂，入夜引燃後，將可看見一條火光由海中升起，逆
向燒入火山口。但後來鄰近火山的爆發使得計畫未能實現。
（編按）

102

大陸移動 胡思亂想展 1998 火藥、紙 300×400cm 台灣 台北誠品畫廊

九龍壁　亞洲、大洋洲三年展「龍或彩虹蛇——一個受祝福或被畏懼的神話」　1996
火藥、紙　300×1800cm　澳洲昆士蘭　昆士蘭美術館藏

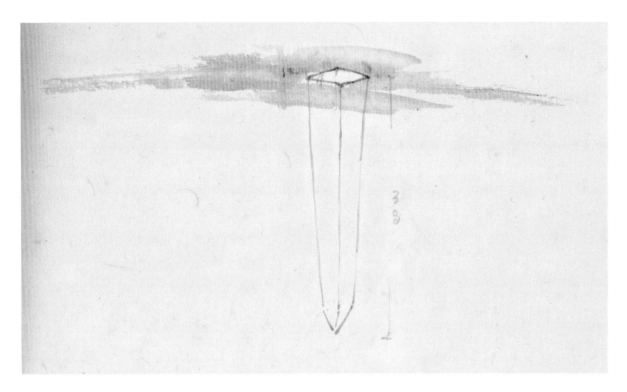

倒紀念碑——以色列垃圾山改造計畫 1997 水墨、紙 33×48cm

金牌雨——為雪梨奧運會做的計畫第四號 1996 水墨、紙 33×48cm

有蘑菇雲的世紀──為二十世紀做的計畫
1995－1996　火藥、紙　300×400cm
美國 紐約P. S. I. 當代美術館
哈佛大學佛格美術館藏

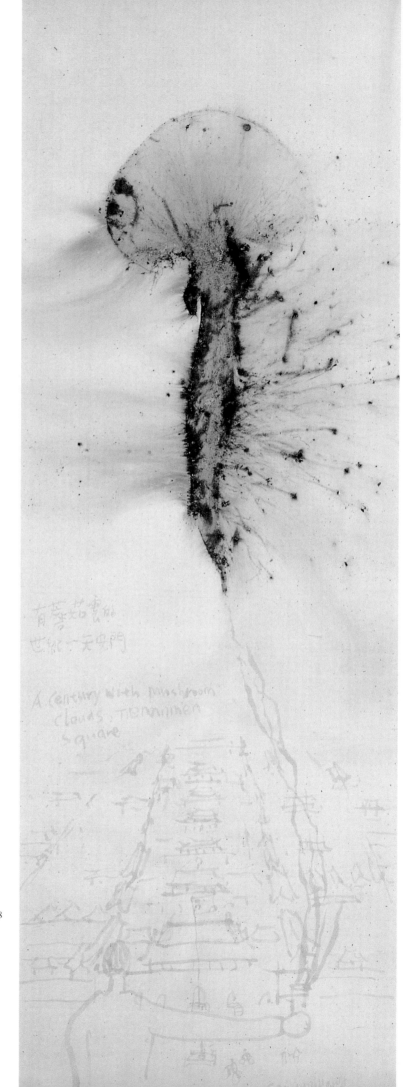

有蘑菇雲的世紀──北京　1998
火藥、紙　183×65cm

龍——炸三宅一生服裝 三宅一生——做東西展 1998 法國巴黎 三宅一生基金會藏（p.108-109）

火藥、紙 65×183cm

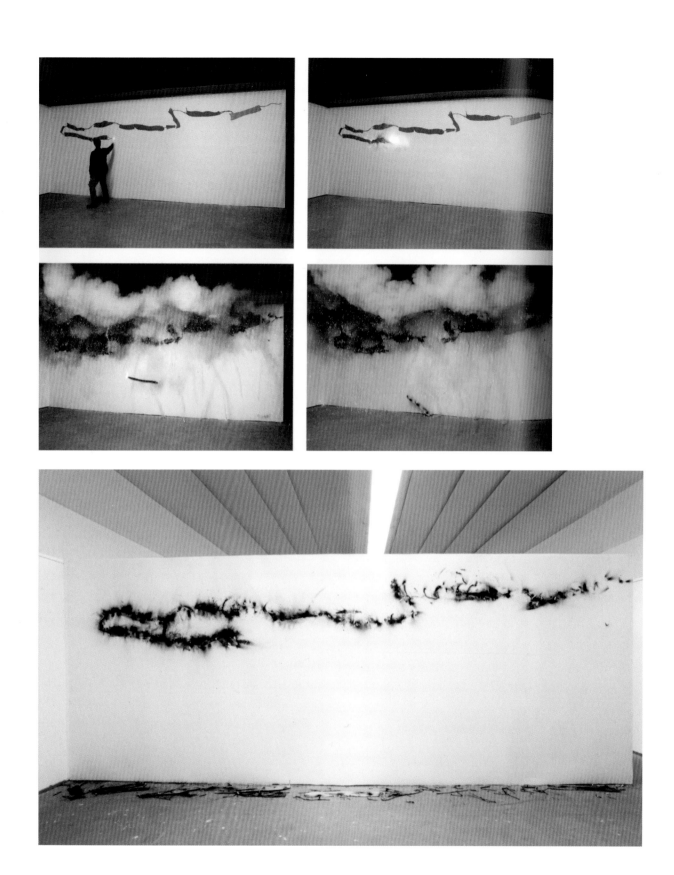

龍到維也納旅遊——為外星人做的計畫第三十二號　個展：我是千年蟲 1999 火藥、紙 300×800cm 奧地利 維也納當代藝術中心

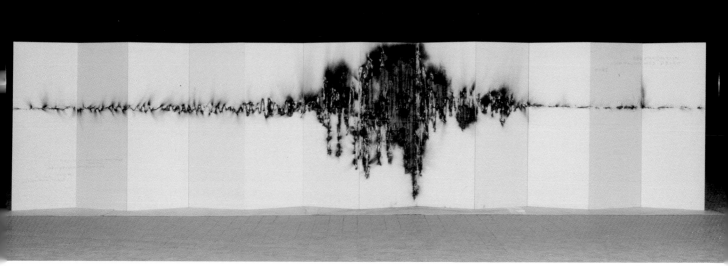

九二一的烙印 感恩 2000 火藥、紙 200×921cm 台灣台中

在為9.21震災祈福的藝術展中，以火藥炸出9.21地震震波
紀錄圖，此作在台中國立美術館前現場引爆，完成後立
即以兩百多萬台幣現場拍賣，所得現款隨即捐出，作為
震災後的復建之用。

蔡國強與印象油畫作品〈胎動二〉 油畫、布 230×326cm

印象油畫作品〈移動的彩虹〉 油畫、布 150×190cm

在印象油畫系列中,蔡國強一面觀看以往爆炸計畫的錄影帶,一面畫下對計畫進行當時的印象,以對歷史的寫生過程突顯當代理論中的「真實」難題:在錄影帶、記憶與藝術表達各種再現企圖的夾擊下,真實是否/如何存在?(編按)

射日 印象油畫系列 2001 油畫、布 76×102cm（上圖） 油畫、布 40.5×51cm（下圖） 加拿大溫哥華 史考特藝廊

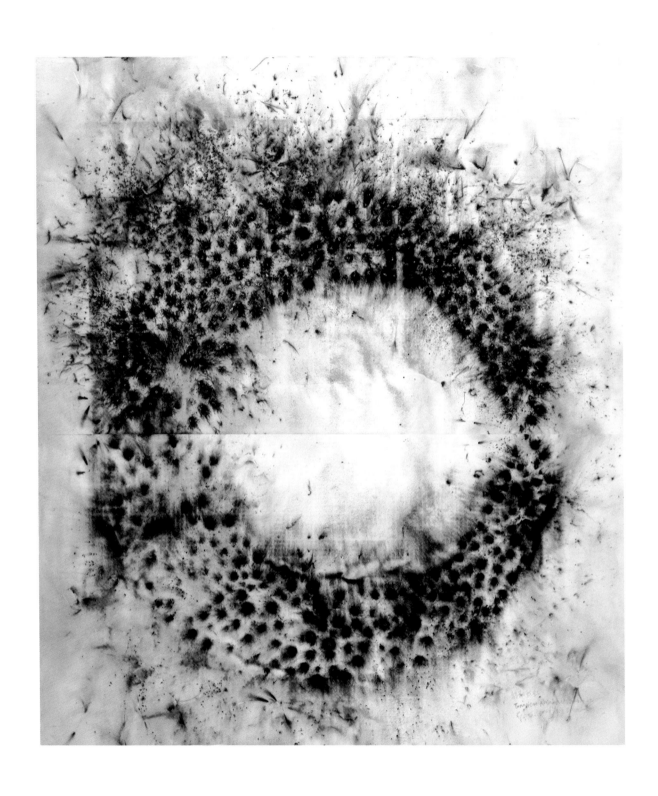

移動的彩虹 2002 火藥、紙 495×400cm 美國紐約現代美術館藏

114

天空中的飛碟和神社 火藥、紙 300×400cm 日本北海道 十勝國際當代美術展：穀神

蔡國強藝術展 2002 中國上海 上海美術館

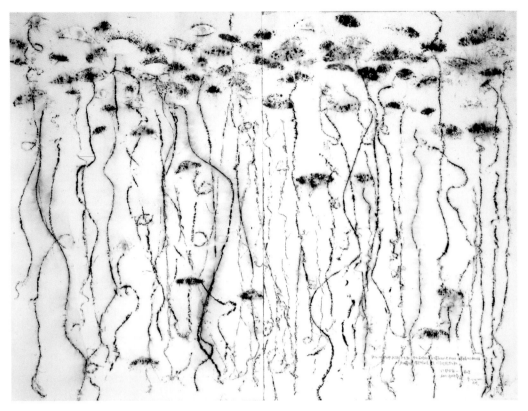

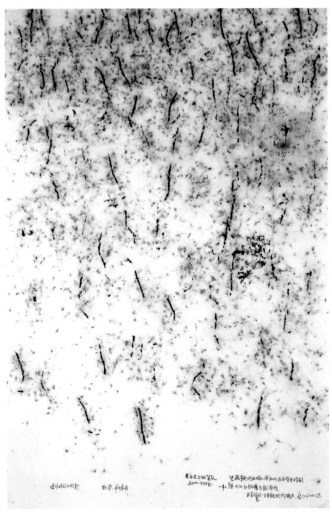

飛碟（APEC景觀焰火表演草圖） 2002
火藥、紙 300×400cm 中國上海 上海美術館（上圖）
來自天上的賀禮（APEC景觀焰火表演草圖） 2002
火藥、紙 300×200cm 中國上海 上海美術館（下圖）

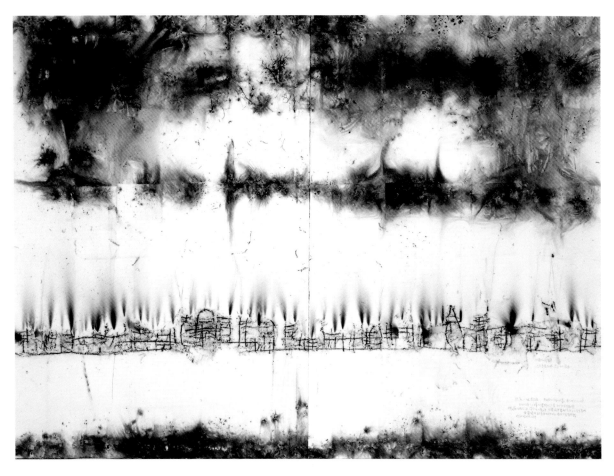

歡樂頌（APEC景觀焰火表演草圖）　2002 火藥、紙 300×400cm 中國 上海美術館

龍　（APEC景觀焰火表演草圖）　2002 火藥、紙 300×600cm 中國 上海美術館

在巴黎建一個中國塔 間 2003 火藥、紙 300×400cm 法國巴黎 龐畢度文化藝術中心藏

〈在巴黎建一個中國塔〉草圖在龐畢度文化藝術中心展出實景

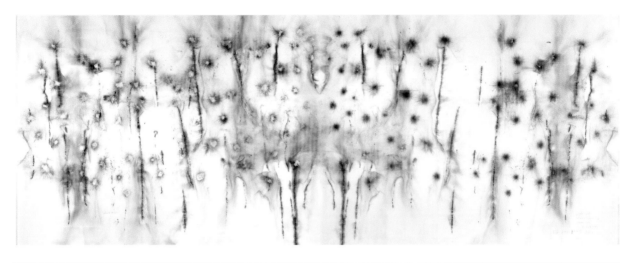

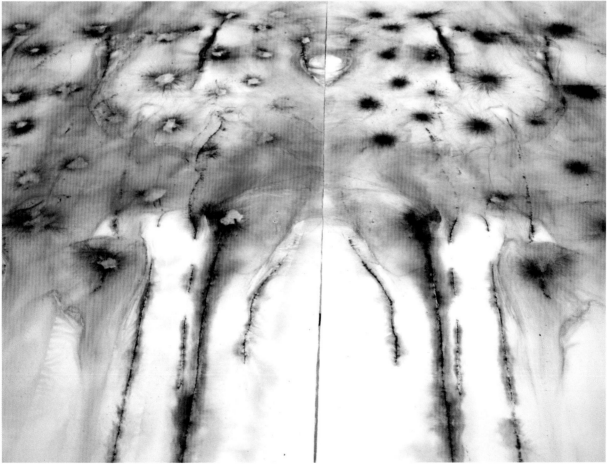

光輪——白夜　2003　火藥、紙　300×800cm（上圖）

光輪局部（下圖）

蔡國強製作〈光輪〉草圖的過程

光輪（草圖局部） 個展：爆炸事件——中央公園上空的光輪 2003 美國紐約 亞洲協會美術館 （p.120-127）

光輪 局部

光輪 局部 2003 美國紐約 亞洲協會美術館

123

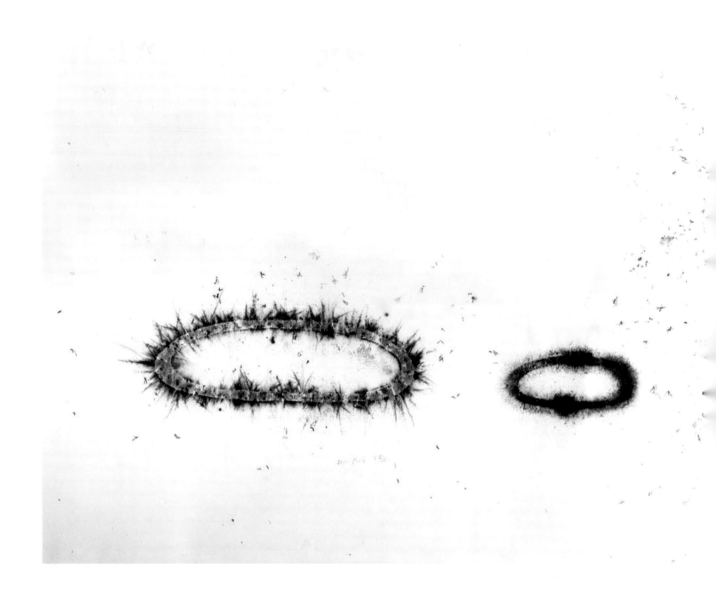

光輪 火藥、紙 400×1000cm

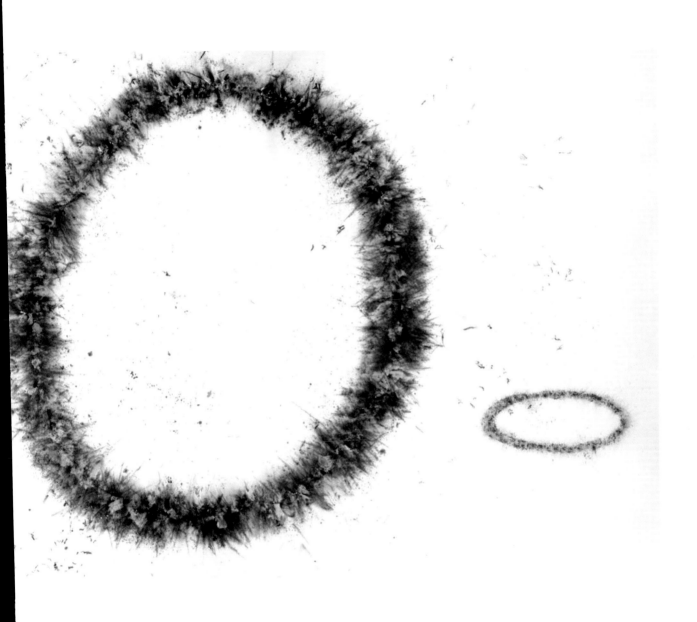

〈光輪〉草圖製作過程

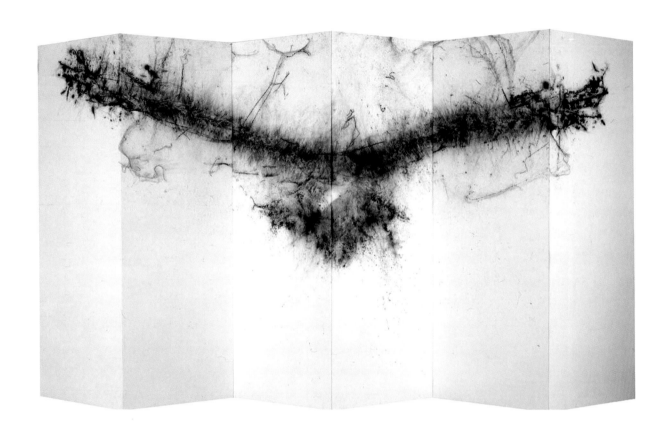

天空中的人、鷹與眼睛 為埃及錫瓦做的風箏計畫 2003 火藥、紙 230×465cm〔p.128-129〕

天空中的人、鷹與眼睛——兩隻鷹 2003 火藥、紙 230×520cm

天空中的人、鷹與眼睛——看人形風箏的群鷹 2003 火藥、紙 230×465cm

天空中的人、鷹與眼睛——人 2003 火藥、紙 230×520cm

運氣不好的一年——2003至2004年間的未竟計畫
蔡國強個展：旅行者 2004　美國華盛頓
史密松寧機構 赫希宏博物館暨雕刻園（p.130-131）

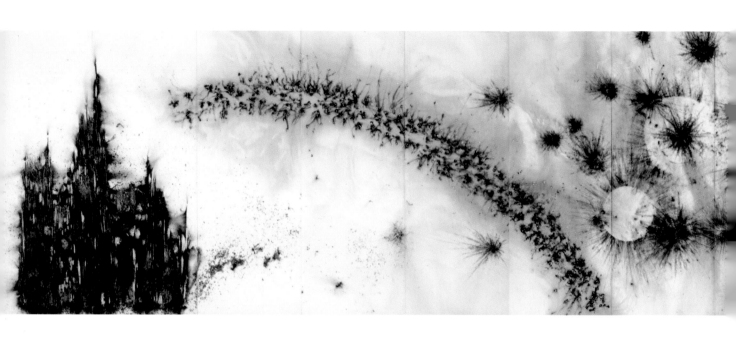

〈黑色焰火──為瓦倫西亞做的計畫〉　2005　火藥、紙　244×1380cm　西班牙瓦倫西亞現代美術館（p.132-133）

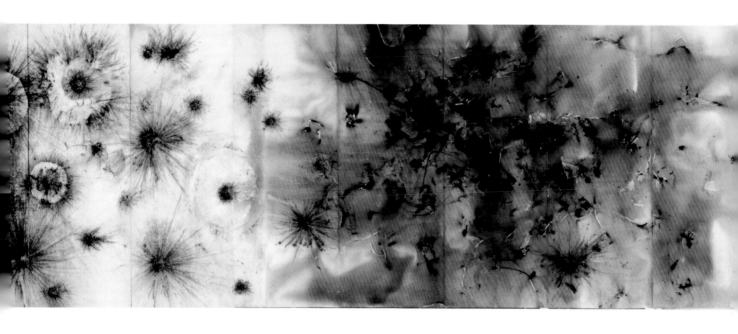

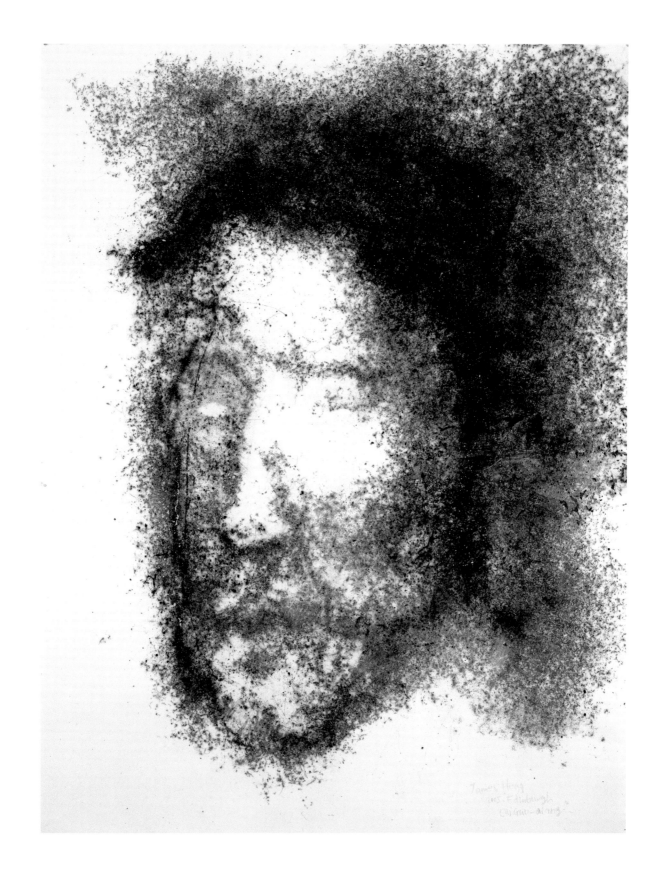

為愛丁堡做的計畫——詹姆斯哈哥 個展：暗黑中的生命 2005 火藥、紙 200×150cm 英國愛丁堡 水果市場美術館

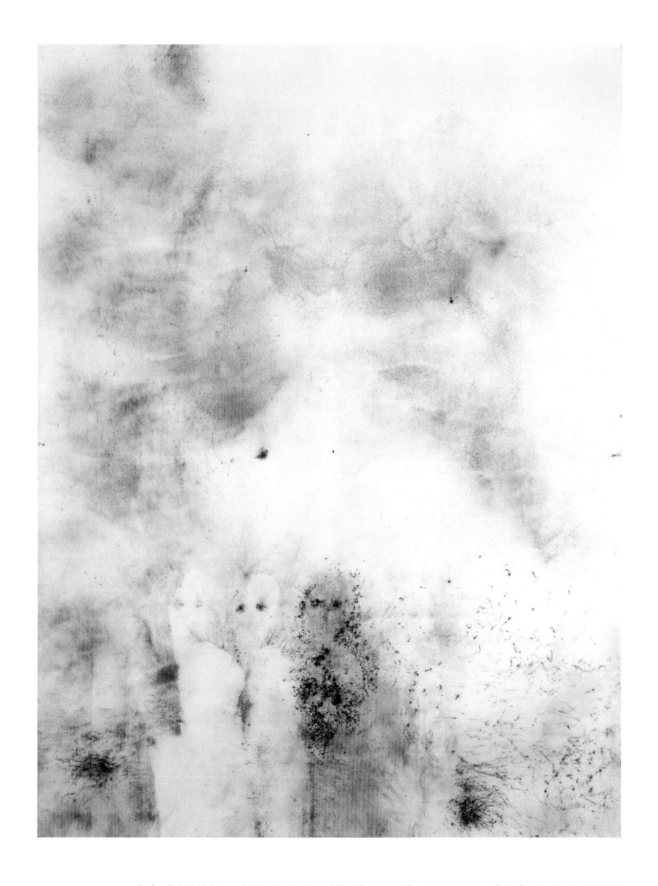

為愛丁堡做的計畫——小安妮 個展：暗黑中的生命 2005 火藥、紙 200×150cm 英國愛丁堡 水果市場美術館

為愛丁堡做的計畫——羅伯特・卡爾特 個展：暗黑中的生命 2005 火藥、紙 200×150cm 英國愛丁堡 水果市場美術館

松林與狼——為德國古根漢美術館作的草圖 2005 火藥、紙 230×308cm（上圖）
兩隻獅子——為德國古根漢美術館作的草圖 2005 火藥、紙 230×462cm（下圖）

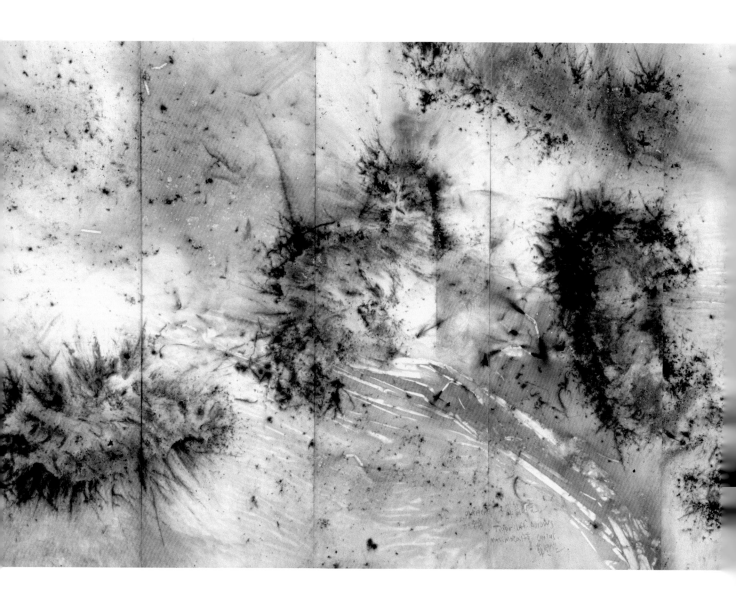

九隻老虎——為麻州當代美術館（Mass MoCa）裝置做的計畫 2005 火藥、紙 230×680cm

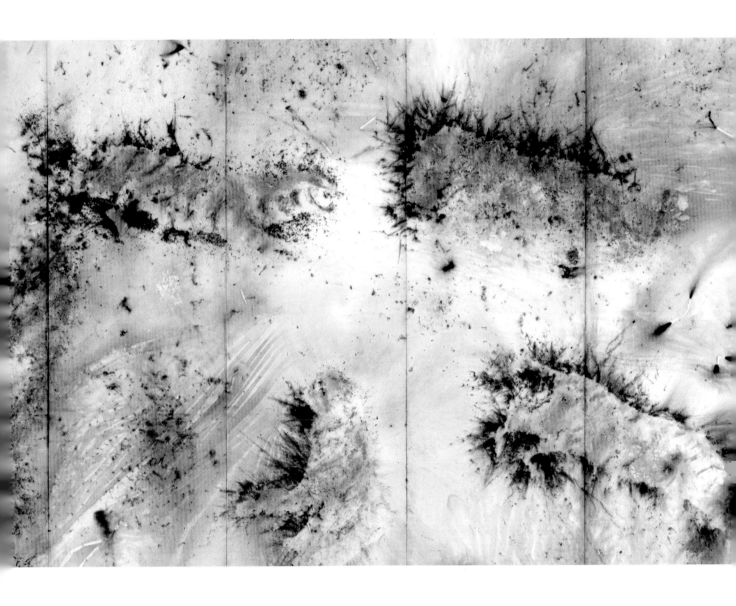

業餘的亂搞
關於蔡國強的作品

費大為

本文原爲巴黎卡地亞當代藝術基金會於2000年4月4日舉辦蔡國強個展畫冊所寫的序言。（編按）

　　和一個好藝術家相遇，對於一個評論家來說是一種人生禮物，他給你帶來的啟發可以使你一生受用不盡。

　　十年前（1989），我剛到法國，恰逢一個不平常的時刻，中國的命運、中國當代藝術的命運和我自己的命運，正處在一個嚴重的時刻。我應該做些什麼來回應這個局面，成了一件十分緊迫的事情。我和跟我一起來參加「大地魔術師」（Magiciens de la Terre）展覽的藝術家黃永砅商量，都認爲要趕緊舉辦一個中國當代藝術的展覽，先把這幾年剛剛移居國外的中國藝術家聚集起來，一起來探討如何使我們在中國開始發動的這個激動人心的新藝術運動能夠繼續得以前進。這個展覽，就是我們1990年在法國南方的布利也爾（Pourrieres）舉行的「爲了昨天的中國明天」（Chine Demain pour Hier）展覽。

　　爲了這個計畫，我開始著手考慮參加這個展覽的人選。在我最後決定的六個藝術家名單中，蔡國強是唯一的一個我所不熟悉的藝術家。他原來住在福建一個美麗的小城市泉州，1981年他到上海讀書時我正好離開上海去北京讀書。1986年他離開中國時，中國的前衛藝術運動剛剛步入一個高潮。我們在國內轟轟烈烈地搞「前衛」，而他卻跑到地處「偏僻」的日本，在那裡很少有藝術方面的消息傳到中國來，所以大家都不太知道他在那裡做了什麼。1989年2月，在北京中國美術館舉辦的中國第一個前衛藝術大展「中國現代藝術展」上，我和蔡國強匆匆見過一面，卻並未深談。後來在法國準備這個展覽時，我偶爾在一本日本的藝術雜誌上看到一張郵票那樣大的彩色照片，還有一段很短的文字介紹他的工

中國明天展
人類做的四十五個半隕
石坑——爲外星人做的
計畫第三號
1990
法國布希爾村
（p.140-141）

140

作。這幅小照片我至今還記得很清楚，在黑暗的背景前，藝術家凝視著從畫面上噴射起來的火焰，這場面有一種莫名的魅力。這張照片和那一段我只能看懂一半的日文評論促使我去找他，開始了和他的合作。

這個從日本國來的泉州人果然出手不凡。1990年，他在我的展覽「為了昨天的中國明天」上做的那個〈為外星人做的計畫第三號〉是在一萬多平方公尺的地上做的大爆炸。我和他都很少見過這麼大的作品，尤其令人興奮的是，這是通過我們自己的手把它實現的。這個展覽，特別是蔡國強的這件作品，後來成為日本評論家用來把中國當代藝術和日本當代藝術比較，以此來做自我批評的一個主要的範例。八年以後，蔡的這件作品被英國評論家派瑞・安德森（Perry Anderson）作為他的著作《後現代的起源》（*The Origins of Postmodernity*）一書的封面。

從此，蔡國強的一系列大型爆炸作品很快使他成為在日本當代藝術界最為活躍的藝術家，以後又一躍成為國際知名的藝術家。在這十年間，我和他合作了多次，每次都感受到他給我的展覽帶來了激情和新鮮的靈感。我和他經常討論藝術問題，所涉及的問題越來越多，使我越來越感覺到要整理這些討論的緊迫性。這次卡地亞當代藝術基金會為蔡國強舉辦的展覽，正好為此提供了機會。

*

九○年代以後，蔡國強的創作進入了高峰期。他的作品數量之多、規模之大，很少有藝術家能夠和他相比，然而他的主要成就在於他在九○年代藝術的背景下提出的一條獨特的思路。這個思路對於深入東、西方文化的對話，對於開拓當代藝術的觀念都具有極其重要的啟發意義。

正如蔡國強在和我的談話中所說，他一開始研究西方現代藝術就得出結論：「藝術可以亂搞」。這一點正是他從事當代藝術工作的一個起點。這個發現對他來說十分重要：為了「搞」出什麼東西來，藝術家可以不擇手段；他不必先去理解其他的藝術作品，然後作為自己的參照和起點。因此，「無知」在這裡不僅不再是藝術創作的障礙，反而成了一種故意追求的狀態和一種精神解放的動力。縱觀他的全部創作，表面上他是走了一條與西方當代藝術完全不同的道路，甚至是在玩弄中國傳統的文化，但這個遊戲的結果卻是出其不意地打開了一條創造的自由通道，為九○年代的當代藝術帶來了一股新鮮空氣。

1986年底到1995年是蔡國強旅居日本的階段。他首先要面對的是日本當代藝術的背景和問題。日本的當代藝術到了八○年代開始出現新的生機，與國際對話和交流迅速增多，年輕有為的藝術家和新的創作也層出不窮。但是，在好強心和對西方文化的崇拜這兩者之間如何找到平衡，日本卻顯得腳步錯亂，障礙重重。如何超越這個情結，成了日本當代藝術緊迫的問題。從1989年開始，蔡國強推出了他的「與外星人對話」的系列，這是一系列大型爆炸的計畫，其目的是為了向宇宙發出信號，尋找地球和外星球之間的對話。在蔡國強看來，和外星球對話要比和西方對話更為迫切，因為它可以幫助我們解脫一個強制性的邏輯，從宇宙和自身的關係中發現人的真正空間。他的這些作品常常規模巨大，動輒上萬平方公尺，或十幾公里；在製作時也經常動用上百人為計畫工作。但是，這些作品不是為

站在地球上看的，而是為站在宇宙上看地球而做的。從這個角度講，他的這些作品又只能算是一些小作品。他也確實是用做小品的態度，輕鬆自由地去做這些大作品的，正像老子所說，「治大國若烹小鮮」。大國雖大，「人」可以比大國更「大」。蔡的這些作品是用「人」之大和宇宙之大來暗示地球之小，用地球之小來暗示東西方的對立之不重要。正是因為不重要，所以這兩個世界也不妨可以對話一下。

文化大混浴——為二十
世紀做的計畫 1998
美國紐約 皇后美術館

　　因此，蔡國強的作品也時而涉及到「文化對話」這樣一個「不太重要」的主題。作為
一個來自非西方世界的藝術家，他應該知道如何在自己的藝術中使兩種文化的相遇產生互
動互補的意義。他發動日本民眾挖他們遺棄的沉船，在展覽中展示這些沉船的遺骸，讓
觀眾來默想自己的歷史；他讓觀眾喝中藥，補中益氣，從「內宇宙」中發生「爆炸」，從
而領悟到自己和宇宙之間的溝通，在美術館外種植中藥，在美術館的樓梯上鑲嵌水晶，讓
水晶這種物體調節展廳的環境和觀眾的身體；他請來了中國最著名的風水專家，和他一起
診治日本的城市建設的結構，用風水的方法來調整和改變城市的結構。總之，他強調從自
身文化的基礎出發去表現人類的共通性，並不停地引進一些對當代藝術展覽系統來說是陌
生的方法，使整個展覽變成一個不分展廳內外、不分觀眾和藝術家的遊戲，展廳不再是觀
眾觀看物品的地方，也可以是坐下來喝茶的地方，展覽也不再是在展廳裡佈置一些物品的
一個結果，而是一個觀眾可以參與的、與歷史和環境相聯繫的變化過程。在這個過程中，
東方傳統文化的運用引出了兩個結果：打亂了展覽通常的形式，使展覽獲得活力；傳統文
化在重新運用中也被改變了形式，從而使它在當代文化中呈現出新的活力。

　　1995年，蔡國強獲得The Institute for Contemporary Art.P.S.1 的獎學金，開始定居美國。蔡
國強的注意力似乎從天上回到了人間。他開始對現實生活中的政治和文化的衝突感興趣。

其中比較有代表性的是1996年在紐約蘇荷區的古根漢美術館（Guggenheim Museum Soho）做的〈龍來了！狼來了！成吉思汗的方舟〉、1998年在紐約P.S.1做的〈草船借箭〉、1997年在紐約皇后美術館（Queens Museum of Art）做的〈文化大混浴〉、1999年在威尼斯雙年展上做的〈威尼斯收租院〉。這些作品涉及政治上有爭議的主題，並且以有爭議的手法表達出來。〈龍來了〉的立意是借用了「狼來了」的故事，來嘲諷美國輿論一直堅持的中國威脅論就像那個愛說謊的小孩子不停的叫喊「狼來了！」一樣，其結果是使人們對真的狼不知所措。〈草船借箭〉則是引用了古代軍隊如何巧妙地騙取了敵人的武器來武裝自己的故事，來隱喻當今國際政治和文化之間的緊張關係。在船舵位置上安裝的中國國旗至少表明了作者的一個觀點：對中國的批判和攻擊將有利於中國。〈文化大混浴〉是由展廳正中的一個大浴缸和周圍的太湖石組成的。有按摩作用的激水浴缸中漂浮著裝有中藥的容器。觀眾可以進入浴缸中泡澡。浴缸周圍的太湖石是按照風水的要求特別安排，來營造對身體有益的氣場。展廳內部還有小鳥鳴飛。這種貌似優美的結構實際上是作者對美國的文化混雜現象的一種沉思。文化的混雜是一種治療，還是會傳染疾病？藝術家邀請觀眾參與其中，進入作品的藥水中洗浴，用自己的身體和皮膚去體會現代文明中的矛盾。〈威尼斯收租院〉是蔡國強參加第四十八屆威尼斯雙年展的作品。他把六〇年代最重要的革命宣傳藝術品直接搬到威尼斯的展覽中，請一批專業的雕塑家重新製作一遍，而這個製作的過程就作為一件作品而呈現出來。在這裡，作品的實體已經不再是作為物體的雕塑，而是雕塑展開的過程，因此，這件作品已經不是雕塑，不是裝置（installation），甚至也不是行為藝術（performance），而是一種記憶的重演。一個過去了的革命時代的記憶被重新挖掘出來放在觀眾面前，它所呈現給人們的主要不是風格的差異，而是歷史所造成的斷裂。按照蔡國強的構思，這些雕塑應該保持未完成的狀態，在展覽期間不應去照顧，任其自然乾裂，變成碎片。

天地悠悠──為外星人做的計畫第十一號 1991
非常口：中國前衛美術展
日本福岡　香椎火車站舊址及三菱地產展覽館

*

蔡國強有一部分作品使用火藥在紙上做的繪畫。這種「火藥畫」在它還是學生的時候就開始嘗試了。當蔡國強八〇年代初在上海戲劇學院上學時，他開始尋找一些特別的工具來做他的作品，他想到用「火」畫畫的念頭，開始他是用比較容易控制的工具來製作，但是他感覺畫面仍然太受他的控制。不久，他發現用火藥作畫，火藥的爆炸在畫布上留下各種各樣的偶然效果，使畫面變成了主動的，藝術家和畫面之間開始了一種生動的對話。在爆炸的一瞬間，藝術家找到了一種解放了的感覺、摧毀的力量。

1986年他到日本以後，他的火藥繪畫受到日本藝術界的喜愛。人們更加注意到他作品中形式美的因素。他開始使用日本紙，因為日本紙對火藥爆炸的反應非常細膩。他的火藥畫因此變得更加審美，爆炸的偶然因素也慢慢變成一種可以得心應手的技術。

但是蔡國強並沒有停留在這個狀態上。從1989年開始，他把火藥畫變成他實現更大雄心的工具，而不再是單純的審美作品了。他開始用火藥畫出他想要做的計畫，推出了「為外星人做的計畫」（Project for Extraterrestrials）系列大型火藥屏風畫。照蔡國強自己的說法，那是一系列「宣傳品」，用來讓大家瞭解他的想法，以此來籌集資金，並實現他的計畫。但是這些計畫又不是完全都可以實現的。有一部分計畫是徹底的烏托邦，而有一些計畫則是十年來陸續在世界各地逐步實現的。計畫的不可實現性，正是證明這些火藥所做的計畫有自己獨立的藝術生命，它們可以脫離作為內容的計畫，而成為獨立的作品而存在。

1989年以後，火藥開始從他的繪畫中脫離，走進空間，成為他那規模巨大的野外爆炸的材料。然而他又時常回到畫面上來，繼續用火藥畫出他的幻想。野外的大爆炸使畫面的構圖更加奇特大膽，而畫面上的奇思怪想又給他野外的計畫帶來更加出軌的靈感。這兩種形式在蔡的工作中交相輝映，不斷擴展它們的維度。

*

龍之二——萬里長城一
萬米——爲外星人做的
計畫第十號
1992 - 1993
火藥、紙、陶
400×150cm
中國嘉峪關

　　回到「亂搞」的問題上來。中國古代畫家石濤（1641～1707）有一句名言：「無法之
法，乃為至法。」這個思想雖然給當時的中國藝術帶來了一點小小的改革之風，但是卻沒
有挽回中國傳統繪畫在總體上走向沒落的趨勢。究其原因，是因為在一個高度發達的文化
中，儘管它對自由的意識已經發展到了很透徹的地步，但靠他自己的力量已經不能繼續在
實踐上找回真正的自由。這個「無法之法」的思想要等到兩百多年以後中國和西方文化激
烈碰撞之後才爆出火花。西方文化的侵入推開了中國千年文化傳統的包袱，而中國傳統文
化中的自由思想又反過來推開了西方文化對中國的壓迫。蔡國強的「亂搞」意識正是在這
樣的背景下產生的。他用西方當代藝術的形式推開了中國的傳統藝術；又用中國傳統的自
由精神推開了西方當代藝術的方法。

　　實際上，「無法」的亂搞並不是沒有方法、沒有形式，而是要切斷方法之間的邏輯關
係。長期以來，西方文化是通過方法的革命來取得進步的。新的觀念產生新的方法，構成
了歷史進步的台階，文化成為在特定的前後關係中的一連串否定的過程。而在中國傳統的
道家思想看來，方法本身的結構及方法和物件之間的邏輯關係只是人為的假設，它是暫時

的，沒有絕對的意義，每一種方法在根本上是有限的。語言和世界的關係完全是任意的。所以，中國古代的禪宗思想家提出「說似一物即不中」。既然「不中」，藝術家就可以／應該「亂說」。「亂說」比「認真說」更接近真實。

二十世紀以後，西方文化開始了新的自由風氣，傳統的束縛被完全衝破，新的創造層出不窮，但是它卻始終沒有擺脫決定論的陰影。由於藝術現象的產生和消亡只能在他的特定歷史語境才能被理解，藝術史的邏輯便使了強加於藝術創作之上的先入為主的理念。自七〇年代當代藝術被徹底體制化以後，藝術史的邏輯墮落成為一個商標註冊的系統，藝術家只要用自己發明的觀念和語言在這個系統裡註冊，並反覆運用這些商標就可以保持自己「藝術家」的身分。藝術至此已經失去了它超越現實的力量，掉進了它自己設計的圈套之中。

蔡的魅力在於，我們很難將他的作品放進「當代藝術」的語境中去，但同時又被他的作品對「當代藝術」所帶來的啟發所感動。蔡的工作不停地變換手法，這些變化不是建立在藝術史的上下文的邏輯之上，而是建立在方法和自然的關係之上。這個自然不是與人對立的外在世界，而是一個「人」也參與其中的過程。它在總量上沒有變化，但卻可以用無限多的形式去展開自己。藝術的創造不可能在自然之上去增加什麼或減少什麼，它只是通過創造進入自然的狀態，他就可以在時間中穿梭往來，由一種變化通向另一種變化。藝術家每一次都可以隨意選擇任何一個點進入「自然」中，使自己成為這個偉大的過程的一部分。藝術史就是藝術家在這條道路上留下的足跡。因此，創造的目的不是要進入藝術史，而是走出藝術史。這種從事藝術的態度與許多「當代」藝術家用自己的作品推進藝術史的態度迥然不同，蔡不去推進這個歷史，他在這個歷史之外。

蔡在表達上是雜亂無章的，沒有內在邏輯的，不斷擴大範圍的。同時，他的作品也常常是多義的、多重方法的。他時而用詩和故事，時而用一個抒情的感覺，時而用一句笑話去構成作品。他運用觀念，但他做的卻不是觀念藝術。他用方法的多樣和雜亂來尋找世界深層的混亂，在混亂的背後又去尋找有機的整體的宇宙觀。在這裡，任何世界的交流是自由的、輕鬆的、詼諧的。傳統的形式雖然變成了碎片，但是我們透過碎片仍然能夠感覺到人對宇宙整體的追求，因此他更像是一個富有詩意的，不拘形式的浪漫主義者。

＊

我寫文章時有一個習慣，就是要喝大量的水。突然，我想起了希臘早期米利都學派哲學家泰勒斯（Thales）的一句名言：「萬物起源於水」。他所說的「水」並不是指我喝的水，而是一種特性，有「無定」、「無限」、「流動」之意，還有「黑」、「暗」的含義。泰勒斯的這句話通常被公認為是西方哲學的源頭。中國道家思想的祖宗老子也說過類似的話，他說世界起源於「道」，這個「道」是虛的、靜的，不可去命名的，留在暗處的。原來，東方和西方的哲學起源於同一個想法！然而，希臘時期「邏各斯」的思想的出現，使西方走上了另一條道路，從此與中國分道揚鑣。這個分裂直到兩千年以後才開始出現轉機，整個二十世紀的西方文化就是努力走出機械主義的思想方法，去理解偶然和混沌。東方在走過它漫長的道路以後，在接受西方理性主義影響的同時，它又受到西方向東方文化學習這個趨勢的影響。他開始在批判自己的傳統之時，又在新的高度上去重新發展自己的傳統。一個新的西方和一個新的東方正在同時產生，兩大文明之間正一起建造起一條「熱線」，一個西方和東方會合的偉大時代正在開始。

原來，蔡的作品是在這個歷史之中起步的。喝藥、洗澡、放風箏、炸美術館、打高爾夫球、看風水、畫畫、吃螃蟹……，這也是蔡國強為我們這個時代獻上的一份厚禮。

PartⅢ
裝置作品

《長子》舞台設計 1983 中國上海戲劇學院

146

《西廂記》舞台設計 1985 中國上海戲劇學院

《別人的腦袋》舞台設計　1985　中國上海戲劇學院

原初火球——為計畫做的計畫 1991 日本東京 P3藝術和環境研究院

蔡國強在展期中以美術館展廳作為臥室兼工作室，白天在此與觀眾
對話、討論，晚上也住在這裡，在作品展出的同時，也一邊不斷創
作新的計畫草案，展覽成為一個藝術創作的過程，而非結果。

蔡國強在展期中以美術館展廳作為臥室兼工作室，白天在此與觀眾
對話、討論，晚上也住在這裡，在作品展出的同時，也一邊不斷創
作新的計畫草案，展覽成為一個藝術創作的過程，而非結果。

哭牆 1992 日本川崎市 IBM畫廊（p.150-151）

蔡國強買了一批廢車的馬達，將之熔化鑄
模成一堵牆壁，供人面壁沉思。展出結束
再將作品熔化，然後賣給汽車公司製作新
的馬達。

牛津的慧星——為外星人做的計畫第十七號　沉默的力量展　1993　英國牛津現代美術館

以煉金術的火藥配製和熏烤中藥為裝置。

龍脈 龍脈（配合延長萬里長城計畫做的展覽） 1993 日本東京P3環境與藝術研究院

把從中國買來的龍舞用的布龍塗了泥土，然後構成一條似長城般線的裝置。另一個
展廳內，用嘉峪關出產的中藥做成兩帖秘方藥湯，供觀眾飲用，即長城作品實施前
的壯膽、提神和實現後的安神、寧靜湯。

長生不老藥

混沌 1994 日本世田谷美術館（p.154-157）

與「秦始皇」展同時舉辦的蔡國強個展，混沌作品由
〈延長〉、〈絲綢之路〉、〈長生不老藥〉、〈盜墓〉四個
部分組成。

在罌粟花子的薰煙中、昏醉的觀眾前，蔡國強請來的高
甲戲演員扮演秦始皇在美術館現場展出〈長生不老藥〉。
一層層的紗布蓋在舞台和觀眾廳內，對越後排的觀眾，
「歷史」就越顯得模糊，越看不清。

絲綢之路

蔡國強在展廳內養蠶織絲，牆上的刺繡作品是有關「焚書坑儒」、
「納粹‧書」、「文革砸佛」、「東大燒樓」歷史事件。

盜墓

蔡國強在場外挖一個深洞，穿過牆壁，進入兵馬俑展廳。

生命曆 1994 日本名古屋 APA畫廊

散步 亞洲散步 I 展 1994 日本東京 資生堂畫廊

利用展廳的四個角，放置用陶燒成的四個小房
子，養了一群烏龜在展廳裏吃住、散步。

艾炙——給非洲 第一屆約翰尼斯堡雙年展 1995 南非約翰尼斯堡

迴光 來自環太平洋 1994 日本磐城 磐城市立美術館藏

船隻背面的鹽海

東方——三丈塔 開館紀念展：日本的當代美術 1985-1995 日本　東京都當代美術館
希臘塔格斯基金會美術館藏

三丈塔：來自環太平洋 日本福島縣磐城市立美術館 1994

爲了個展，蔡國強兩手空空來到磐城海邊，發動當地民眾積極參與創作：挖掘沉
船，構築裝置……館內以沉船骨架（龍骨）爲基本造形，館外用沉船的木板片搭建
三丈塔。後來這個塔在東京立起來，成爲一座高塔，然後在威尼斯雙年展上被吊起
來，成爲一個飛翔的火箭。

163

龍來了！ 未來·現在·過去：第四十七屆威尼斯雙年展 1997 義大利威尼斯 希臘德斯特基金會美術館藏（p.164-165）

馬可波羅遺忘的東西 1995 超國度文化：第四十六屆威年斯雙年展 義大利威尼斯 航海博物館藏 （p.166-167）

在馬可波羅從泉州回到威尼斯的七百週年慶，蔡國強由故鄉泉州運來一艘木帆船，爲威尼斯帶來馬可波羅當初忘了帶回的東方精髓──中藥和哲學──在威尼斯雙年展期間，反向航進西方，以瓶裝的中藥飲料的模樣，放在自動販賣機裡出售。（編按）

販賣機裡的五種中藥處方對應著中國的五行，用
來代表中國人獨特的宇宙觀，也方便每個人為脆
弱的器官對號入座地找到各自需要的處方：木－
肝、火－心、金－肺、土－脾、水－胃。

龍來了！狼來了！成吉思汗的方舟 雨果柏斯獎展 1996 美國紐約 古根漢美術館 古根漢美術館藏（p.168-169）

遠征西方的成吉思汗軍團，以羊皮袋爲水袋，逢江河阻道，即吹氣成筏似輕舟橫渡，或聚舟搭建羊皮筏的浮橋，運送車馬。蔡國強把羊皮筏和蟲鳴中的豐田車的發動機串成一條騰龍，加上展廳內懸掛的一冊冊西方對東方抬頭的擔憂、恐懼的書籍、雜誌，一起構成了狼、龍來了的童話意境。

168

螃蟹之家　1996　美國紐約　P.S.I.當代美術館
美國哈佛大學佛格美術館藏

展廳內養了三百隻螃蟹，觀眾在展廳內若不是
不小心踩了螃蟹，就是不小心被螃蟹咬。作品
表現出人類擁有核武的困難和文明的矛盾。

毛 飛龍在天 1997 丹麥 路易斯安那現代美術館（上圖）
庭園中的庭園 飛龍在天 1997 丹麥 路易斯安那現代美術館（下圖）

天機　亞洲散步 II 展　1997　資生堂畫廊　日本東京資生堂畫廊藏

一張巨大的紙上隱約透出霓虹燈的藍光，這是相命師為這個展覽所畫的一個「符」。然後在開幕時請該
相命師運氣進「符」，以使觀眾感受作品〈符〉所發出的氣的力量。

彼岸 第五屆伊斯坦堡雙年展 1997 土耳其伊斯坦堡

蔡國強從歐洲岸邊向亞洲岸邊扔水飄，再去對岸向此岸扔水飄。

文化大混浴——為二十世紀做的計畫 1998 美國 紐約皇后美術館 法國政府現代藝術基金FRNC與里昂當代美術館藏（p.174-175）

一堆太湖石、榕樹老根、小鳥、一個浴池，其他場景因地制宜，有的薄紗巨幔圍繞、有的鳥兒飛棲。蔡國強這件作品曾在多國多地（美國紐約、辛辛那提、法國里昂）展出，讓不同民族人士在浴池內相逢，在治癒的藥水中對話。（編按）

文化大混浴——為二十世紀做的計畫 1998 日本 直島當代美術館 直島當代美術館藏

在直島的作品為一座大型室外用的浴池，讓前來小島參觀藝術展的人們和當地民眾近距離交流。

175

廣告城 1998 台北雙年展：欲望場域 台北市立美術館 （p.176-177）

「蔡國強把……一向被視為粗俗誇張的商業招牌……堂而皇之架
在美術館外側。……〈廣告城〉把美術館包圍了，高高的看板上
有雙年展的廣告，有虛構的招牌，更有向廠商收費的真實廣告，
……它游蕩在真偽、善惡、美醜、虛實之間，本身不就是深具魅
力的『欲望場域』嗎？」（倪在沁，〈蔡國強的台灣傳奇〉，《蔡
國強藝術展》，上海書畫出版社，2002）

威尼斯收租院 全面開放——第四十八屆威尼斯雙年展 1999 義大利威尼斯 （p.178-179）

在二十世紀最後一次雙年展中，蔡國強把被世人遺忘的社會主義經典作品〈收租院〉以另一種藝術形式——「記憶的重演」展現了。在一百零八個雕塑的製作過程中，人們可同時看到有些剛在上泥土，有些做好的已經在乾裂剝落。從看雕塑成為看做雕塑的行為表演，成功的將寫實主義的藝術帶入當代藝術的展域裡。

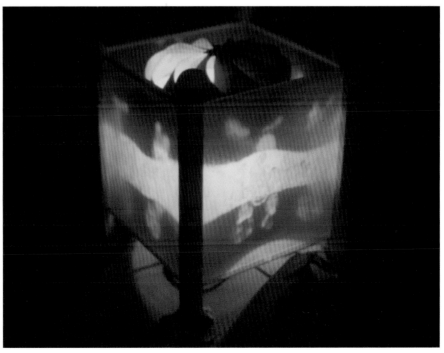

走馬燈——收租院草圖

我是千年蟲 蔡國強個展：我是千年蟲 1999 奧地利維也納 維也納美術館

「我是千年蟲」是蔡國強1999年在維也納美術館進行的展覽，參觀展覽的觀眾在無預警的情況下，可能不知不覺踩到展廳內預設的感應器，而引發火藥管爆裂，出現一朵小小的蘑菇雲，像人們擔心的電腦災害千禧年蟲發作般，觀眾成爲參與作品的創作者，表現出人即是千年蟲的意味。（編按）

過橋 亞洲、大洋洲三年展——超越未來 1999 澳洲里斯本　昆士蘭美術館

在美術館水池上架設一坐竹橋，觀眾若觸到感應器天頂會突然下起雨來。
觀眾將面臨是退下還是向前的選擇。另一端設置了長桌供孩子們自由發揮
才能製作橋的摸型。

你的風水沒問題嗎？ 2000年惠特尼雙年展 2000 美國紐約 惠特尼美國藝術博物館藏（p.182-183）

九十九隻中國石獅子被放在展覽大廳牆上像洞窟畫的一個個凹洞裡，觀眾在電腦上可查詢自己的風水是否有問題，若有問題又經藝術家實地判明後，參觀者可依其風水需求購得藝術家親自到場設置，把作品和展覽送到百姓之家；而石獅子在買主家中的紀錄照片、圖表和文字，則代替雕像留在洞裡展出。（編按）

門對廁所——不吉

門對樓梯——沖

廚房、廁所在一間——凶

〈你的風水沒問題嗎？〉作品中的石獅子被分別收藏於不同參觀者的家中

空中浴盆 越界展 2000 比利時根特 S.M.A.K. 當代美術館

草船借箭 無止境：MoMA2000展 2000 美國紐約 現代美術館藏

蔡國強將插滿箭的中國草船放置在美國的美術館中，意在擴
展草船作爲一個文化符號超越展示之外的現代意義：一般草
船從箭傷中獲得力量的過程，演練出一個文化如何在異文化
裡汲取力量而茁壯、而騰飛。（編按）

寫生表演 第十二屆雪梨雙年展 2000 澳洲雪梨 （p.186-187）

在雪梨國家美術館的油畫展廳內，蔡國強設置了一個裸體
寫生表演現場，讓觀眾在欣賞油畫作品的同時，也可以看
到油畫寫生過程。

油畫寫生表演 形式跟隨虛構展 2001 義大利都靈 里瓦利堡當代美術館

作為印象油畫系列之一，模擬油畫寫生過程的「表演」也藉著重現過
去提出對「真實」概念的思考。表演結束後留下的畫作、道具和錄影
帶既是當時過程的紀錄，作為藝術作品，也是蔡國強對傳統西方油畫
的解構。（編按）

像畫家那樣‧像畫那樣 松斯貝克第九屆藝術展：當地與焦點 2001 荷蘭阿納姆

在松斯貝克現代美術展上，蔡國強邀請市內美術愛好者一起到當代藝術展場寫生油畫風景。

「什麼都是美術館第二號：UMoCA」開館展：「倪再沁個展」策劃 2001 義大利托斯卡尼（p.190-191）

倪再沁作畫實況

「什麼都是美術館」系列（Everything is Museum）是蔡國強藉由將原非美術館的地點轉化為展場，使美術館本身也成為藝術品的計畫，其顛覆美術館的實體與概念的意圖開啓了不僅是不同時空、不同文化，也是美術館與展出作品之間的對話的可能。繼日本的DMoCA後，第二號將場景搬到義大利的一座建於中世紀的磚石橋底下，名為「橋下當代美術館」（Under Museum of Contemporary Art）。（編按）

為雙年展服務 人類的舞台：第四十九屆威尼斯雙年展 2001 義大利威尼斯

蔡國強精製了一批雙年展總策展人哈洛得‧史漫商標的礦泉水和他高舉著
水瓶大喝「爲雙年展服務」的宣傳車。這輛送水車受到在大暑天參加雙年
展的來賓的熱烈歡迎。

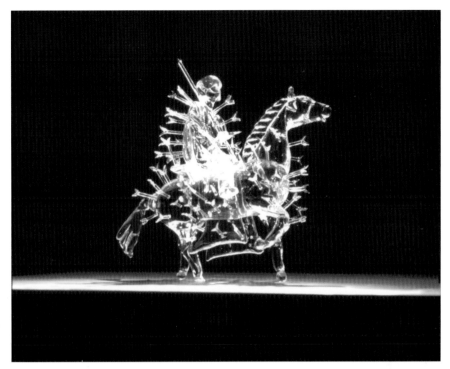

勝利的禮物是傷痕累累　禮物
2001　義大利錫耶納　女教皇當代
藝術中心

來自天上的焰火　橫濱三年展　2001　日本橫濱

作品的裝置設在展場的終端，讓觀眾在看完
展場後，終於可以好好躺在按摩椅上仰望
「焰火」進入夢鄉。

水墨寫生表演 2001 加拿大溫哥華當代藝術館（p.194-195）

在溫哥華的中式庭園蔡國強在岩石嶙峋的亭台樓閣之間
放了三台煙霧製造機，以煙霧製造人間仙境，並邀請三
位水墨畫家現場進行寫生表演。三天後再把作品和寫生
的實況錄影移到當代藝術館裡展出播放，在開幕式時也
同樣製造了和屋外一樣的氣氛，邀請藝術家進行集體水
墨寫生表演，此舉意在使西方觀眾了解中國水墨畫的現
場作畫表演的傳統與西方當代藝術的手法類似，同時，
也使得傳統的中國庭園成為西方式行為藝術和裝置藝術
的展演場地。

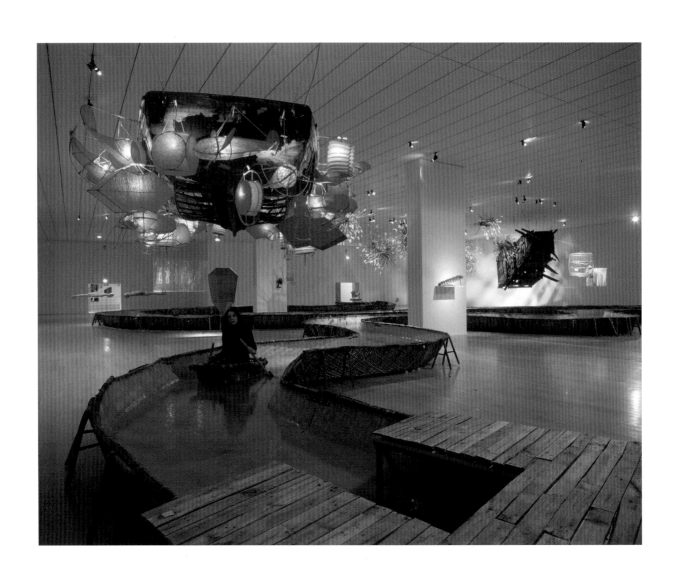

河流 蔡國強個展：隨意的歷史 2001 法國 里昂當代美術館（p.196-199）

在「隨意的歷史」展覽中，參觀者可循著爬山車的路線瀏覽天花板上的西方藝術，也可順著水道，划船觀看蔡國強的作品回顧。歷史就在中一外、今一昔的並列下變得隨意，成為人為的規定而造就的故事。（編按）

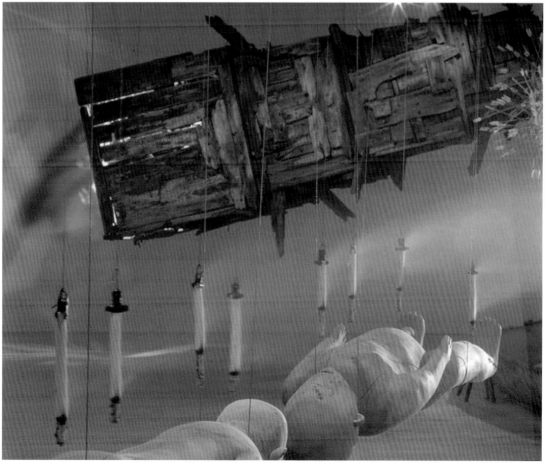

爬山車 蔡國強個展:隨意的歷史 2001 法國里昂 當代美術館藏

鷹來了 蔡國強個展：隨意的歷史 2001 法國里昂 當代美術館 挪威奧斯陸艾斯特費爾恩利當代美術館藏

用一艘西方木船仿製了古羅馬戰船和船上的划槳和長槍，然後把它反過來，成為一隻展開雙翅的雄鷹。船後有一面小小的歐盟藍旗在迎風（小風扇）飄揚。透過作品，蔡國強為歐洲能否回到古羅馬一體的時代提出質疑。

九十九艘金船 美術的力量：開拓時代的七位藝術家展 2002 日本神戶 兵庫縣立美術館

用純金製造了九十九艘小舟，並以此形成一條細細的河流。

上網 蔡國強藝術展 2002 中國上海 上海美術館 盧森堡國立現代美術館藏 （p.202-203）

蔡國強將插滿三千支金箭的木船倒扣過來，如一具兒童捕鳥器，底下放著一台可以
上網的電腦，遠處則以繩索連接著一個裝有一百隻金絲雀的鳥籠。人似乎成了鳥，
鳥在拉著繩，捕鳥器—網路—鳥籠網網相連的趣味中，隱含著對現代生活的暗諷，
也是對全球化、現代化的警戒。（編按）

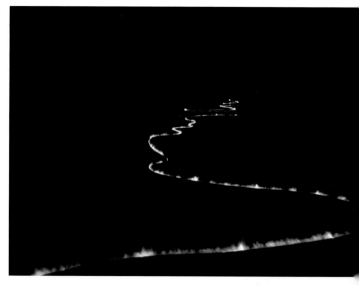
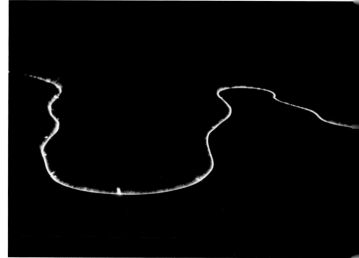

通道 蔡國強個展：空靈的花 2002 義大利 特倫多市立美術館 （p.204-205）

點滴瓶不斷滴下酒精，一條細細的金色的線靜靜地發出藍光，在空氣中
顫動，表現出處於羅馬古道上的特倫多地域和對往日時光的通靈。

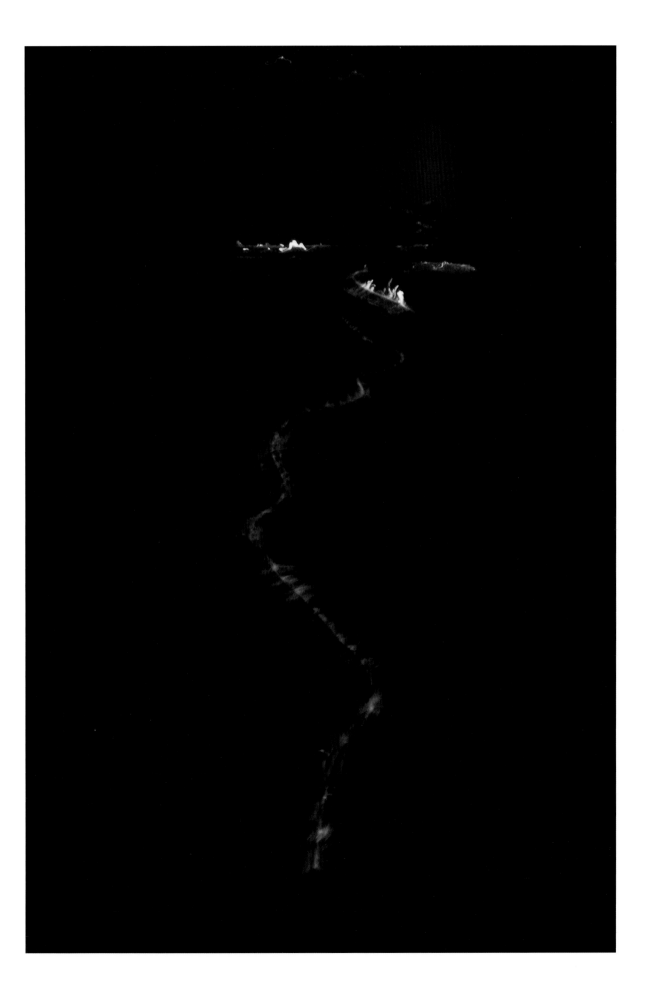

真相大白──由安東尼奧尼的《中國》而來 蔡國強個展：空靈的花 2002 義大利 特倫多市立美術館（p.206-207）

文化大革命時，中國政府發動全中國人對義大利新左派電影大師安東尼奧尼《中國》紀錄片提出人人誅之的批判。可是，幾乎所有的中國人都不能看到這部電影。蔡國強向安東尼奧尼借了兩個拷貝，一個在美術館外的院子裡放映，構成白日電影，另一個以紅色的銀幕放映。周圍則鋪天蓋地貼上當時中國報紙的批判文章。

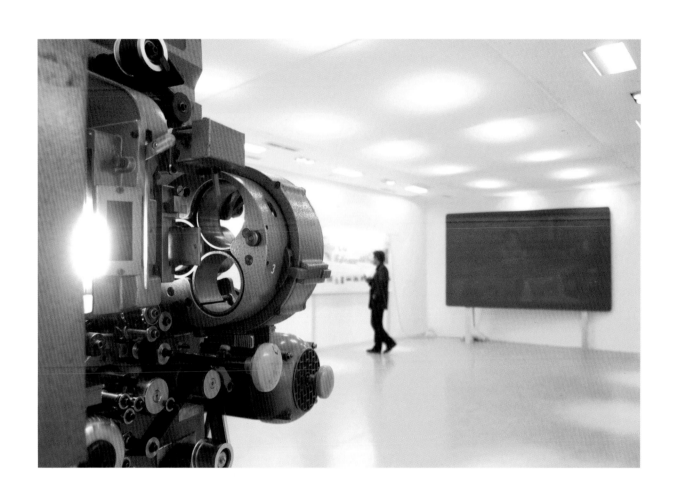

蔡國強的茶室——向岡倉天心致敬 2002 日本神奈川 雕刻之森美術館（p.208-209）

在日光下，蔡國強用色彩光把一個日本最著名的庭園照得似夢非夢，使它自周圍的大自然卓然而出，然後打開隱私性很強的茶室的層層隔牆，請來日本古代茶藝大師千利休的後人千方可在現場與觀眾共進茶藝，同時把電影千利休的影像從院子投射進茶室，使先祖和後輩、現實和靈性，內與外……，混為一體。

蔡國強收藏馬克西莫夫作品展現場 2002 中國
上海美術館（p.210-211）

俄羅斯畫家馬克西莫夫（Konstantine Maksimov）
曾在五〇年代任教於北京的中央美術學院，開
拓了中國社會主義堅實的教育體系，培養了社
會主義一代畫家。但是他回國後，由於中蘇的
交惡等原因，使他在兩國都慢慢被人遺忘，懷
著對藝術家個人命運的同情和對歷史的責任
感，蔡國強收藏了馬克西莫夫兩百多幅畫作，
在中國各地展出，意圖喚醒人們對這名曾在中
國美術史上影響深刻的人物的記憶，也反思一
個文化專制與盲目時代的藝術問題。

萬花筒——時光隧道 首屆廣州當代藝術三年展——重新解讀：中國實驗藝術十年 2002 中國廣州 廣東美術館藏（p.212-213）

蔡國強把每一年做的作品照片做成一個萬花筒，用投影機放映到牆上，五彩繽紛象徵他眾多藝術手法後面的共同特徵——
童趣、浪漫。

夢 蔡國強藝術展 2002 中國上海 上海美術館（p.214-215）

在如波浪起伏的紅絲綢上方吊滿汽車、飛機、輪船、鋼
琴、洗衣機等造型的紙紮燈籠，以表達中國人在現代化的
發展過程中這二十幾年來不同的憧憬與夢想。而雖然追求
的目標不同，但顏色卻保持一致。（編按）

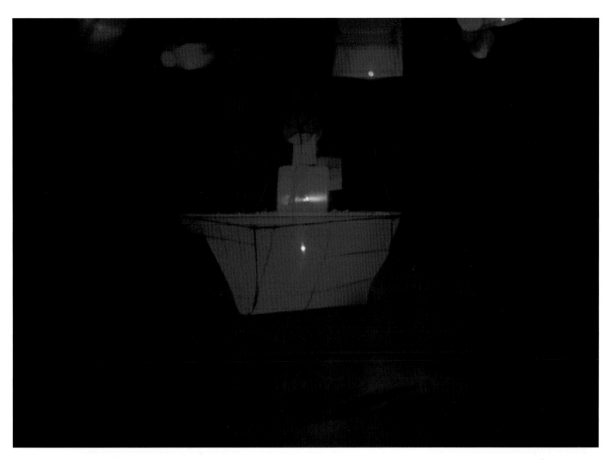

215

什麼都是美術館第一號——DMoCA‧琦琦‧史密斯個展 龍當代美術館 越後妻有三年展 2003 日本新瀉（p.216-217）

蔡國強把福建的廢棄龍窯搬到日本，名之為「龍當代美術館」（Dragon Museum of Contemporary Art），並自任館長、策展人，以嶄新的藝術語言推翻傳統美術館的概念。（編按）

216

有病治病，無病強身　脈搏：藝術、治療和轉變展　2003 美國波士頓 ICA 當代藝術中心

觀眾可脫鞋在作品上走，以刺激腳底穴位。

天空中的人、鷹與眼睛——為埃及錫瓦做的風箏計畫 2003 埃及錫瓦（p.219-221）

在利比亞邊界的埃及小鎮錫瓦，蔡國強和當地的六百名學生合作放風箏計畫。
在數百個風箏的自由飛翔中，藝術溝通了人與人、性別、天地，以及文化之
隔，而當放風箏成了當地人們的新節日時，藝術已開創了一個新文化。

爬山車 蔡國強個展：隨意的歷史 2003 比利時根特 S. M. A. K. 當代美術館 里昂當代美術館藏

毛 蔡國強個展：隨意的歷史 2003 比利時根特 S. M. A. K. 當代美術館

河流 蔡國強個展：隨意的歷史 2003 比利時根特 S. M. A. K. 當代美術館 （p.224-225）

空中浴盆　蔡國強個展：隨意的歷史 2003 比利時根特 S. M. A. K. 當代美術館

圖中的三件作品分別為〈河流〉、〈夢〉及〈空中浴盆〉

鷹來了　蔡國強個展：隨意的歷史　2003 比利時根特 S. M. A. K. 當代美術館　挪威奧斯陸艾斯特費爾恩利當代美術館藏

不信神的世紀 蔡國強個展：隨意的歷史 2003 比利時根特 S. M. A. K. 當代美術館 德國科隆 路得維奇美術館藏（p.228-229）

不合時宜：舞台 ・蔡國強個展：不合時宜 2004 美國北亞當 麻州當代美術館 (p.230-233)

九輛汽車，從正常行駛到閃光爆炸，白光—黃—紅—五彩—粉紅—藍，美麗的色彩從快
到慢，汽車一路翻轉，如同定格膠卷，最後又回到正常，整個過程依靠人的行走過程使
之連結為一氣呵成的自殺爆炸過程，在這個中國畫卷式的美學裝置裡，蔡國強把暴力與
美、文化、宗教衝突、人的命運等主題放在詩化般的空間，供人們討論。

230

不合時宜：舞台二 蔡國強個展：不合時宜 2004 美國北亞當 麻州當代美術館（p.234-235）

九隻老虎被莫名飛來的箭追殺。另一個長卷式的裝置則展現出「武松打虎」的氛圍，在
暴力與美的矛盾中，提出「誰是英雄」這難以定說的議題。舞台佈景的山與松作為裝置
一部分被使用。

234

幻覺 蔡國強個展：不合時宜 2004 美國北亞當 麻州當代美術館

紐約時代廣場上，一輛普通汽車一面炸出美麗的焰火，一面行
駛，路人、警察都視若無睹，似乎一切都只是一場幻覺。

來自天上的焰火 卡地亞當代藝術基金會二十週年紀念 2004 法國巴黎 卡地亞當代藝術基金會

用伏特加撫摸薩哈‧哈蒂 雪展 2004　芬蘭羅凡尼亞米（p.238-239）

建築家薩哈‧哈蒂造了冰雪之城，蔡國強再用三噸伏特加燃燒融
化這件作品。這是一個有意思的、真正深入的建築家和藝術家的
合作計畫。

238

迴光——來自磐城的禮物 蔡國強個展：旅行者 2004 美國華盛頓史密松寧機構 莎可樂美術館 （p.240-241）

爲了紀念蔡國強在日本磐城發動民眾挖掘沉船的事件，和點燃夜空地平線計畫的十週年，磐城市民再挖了一艘船，萬里迢迢送到華盛頓，作爲蔡國強個展的作品。慶船上掩埋了七噸蔡從故鄉泉州德化運來的觀音瓷像，形成了一個沉入海底的文明故事。蔡國強和磐城市民長久的友誼，昭示了藝術可以超越民族紛爭、政治對抗的可能。

一路順風——來自機場的一萬件收藏品 第二十六屆聖保羅雙年展 2004 巴西聖保羅 巴黎龐畢度藝術文化中心藏（p.242-243）

蔡國強把由聖保羅機場安檢部門要來的一萬件利器—剪刀、小刀、指甲刀、刀叉食具等插在藤條編織的飛機上，嘲諷我們所處的不安環境：敵人來自四面八方，無所不在，甚至包括了自己，而各種利器則隨處可得，形成了大象怕螞蟻的人類新童話。

「金門碉堡藝術館──十八個個展」策劃 2004 台灣金門（p.244-247）

「金門碉堡藝術館──十八個個展」由蔡國強擔任策展人，邀請兩岸十八位藝術家以個人或小組的方式，把金門的碉堡或軍事設備改造爲十八個獨立的藝術館和展場。除了十八個個展外，蔡國強也策劃了一個兒童展，在金門這個碉堡之島上開闢一個文化與藝術的基地。參展藝術家包括王文志、李明維、汪建偉、沈遠、林惺嶽、吳東旺、張永和、姚謙、蔡明亮、銀波、曾力、費大爲、坆凌、劉小東、謝素梅、譚盾、李錫奇及大崎尾藝術工作隊。（編按）

彼岸 大崎尾藝術工作隊

投降 吳東旺

龍騰虎穴 王文志（左圖）
水頭傳說 李明維（右圖）

戰爭賭和平 李錫奇

喇叭茶 沈遠

軟目標 汪建偉

金門金字塔 林惺嶽

以情愛體現世界和平 垠凌

聽！是誰在唱歌 姚謙

一分為二 張永和

武戲 曾力

兒童書店計劃 費大為（左圖）
飛啊！飛啊！／融合 銀波（右圖）

戰地寫生新十八羅漢　劉小東

花凋　蔡明亮

「透透氣…」／「黃山」　謝素梅

音樂視覺　譚盾

兒童碉堡藝術展

兒童碉堡藝術展

247

天堂 2005 波蘭華沙 札契塔國家美術館

在兩百個印有社會主義領導者、英雄、坦克、勞動模範等照片的風箏下，覆蓋著各社會主義國家國旗的搖籃慢慢地搖晃，道出既顛巍欲墜，又縈繞不去的烏托邦夢想。二十幾個搖籃形成一條漫漫的長河，引起無數曾是社會主義國家的波蘭民眾感慨萬千。（編按）

248

芭蕉林 暗黑中的生命 2005 英國愛丁堡 水果市場美術館

在美術館內種植一片芭蕉林,在芭蕉葉上寫下一段段鬼故事,觀眾在現場若能靜
靜地深入閱讀作品,可以感受到另一個靈性空間的存在。另一個空間裡,投射著
深夜美術館監視攝影所拍下的芭蕉林,人們在映像前捕捉靈異出現的瞬間。

第五十一屆威尼斯雙年展中國館設立　2005　義大利威尼斯　（p.250-251）

第五十一屆的威尼斯雙年展上的中國館，是1895年雙年展開辦以來首次出現的中國國家館，其展覽名稱「處女花園：浮現」（Virgin Garden: Emersion）點出了中國藝術家在海外展露頭角的現況與期望。參與展覽的藝術作品包括張永和的〈竹跳〉、孫原與彭禹的〈農民杜文達的飛碟〉、徐震的〈吶喊〉和劉韡的〈閃亮〉，擔任策展人的蔡國強還請來天津大學建築系教授王其亨為各個國家館勘看風水，為威尼斯注入古老卻新鮮的中國活力。（編按）

農民杜文達的飛碟　孫原、彭禹　第五十一屆威尼斯雙年展　2005（左上圖）
吶喊　徐震　第五十一屆威尼斯雙年展　2005（左下圖）
竹跳　張永和　第五十一屆威尼斯雙年展　2005（右上圖）
閃亮　劉韡　第五十一屆威尼斯雙年展　2005（右下圖）

251

「什麼都是美術館第二號：UMoCA」策劃 馬文個展：風園 2005 義大利托斯卡尼（p.252-253）

藝術家在每個橋洞內裝了一排不同長短的銅管，風吹入銅管的風口內會發出不同的鳴聲。
觀眾可躺在吊床上聆聽自然之音，或進入夢鄉。

江湖論藝
蔡國強的魔法術

倪再沁

　　提起蔡國強，腦子裡像跑馬燈似的轉個不停，他的面貌太複雜了，誰知道這個跑遍世界大小展場的藝術家在玩什麼花樣？誰曉得這個紅遍國際藝壇的熠熠紅星為何歷久不衰？終年四處遊走的蔡國強確實難以從有限的角度來觀察。

　　以華人觀點窺之，想必有所侷限，更何況在台灣論述，好像小時候看那些馬戲團表演，除了新鮮、有趣、奇幻、詭異，還有豪華、絢麗、驚奇、刺激。看蔡國強表演，就像魔術師變戲法，免不了要吃驚、嘆息、叫好，因為他令人難以想像。

電視購畫作品
靈符 複合媒體裝置
2005 台北當代藝術館

〈靈符〉使用貨幣史上戲劇性起落的上海金圓券為材料，透過爆炸產生作品，然後與蔡康永合作拍賣，採用各種銷售方式在購物現場直播。蔡國強親自登場促銷自己的作品，並同時看見每分鐘的銷售成績，聽取各類消費者的意見。

旅行者

　　上網看蔡國強極為豐富的展覽資歷，才知道什麼叫望塵莫及，他為什麼可以有那麼多作品？為什麼可以不停的辦展？而且還是備受矚目的展覽。僅以去年（2004）秋天為例，九月份的「金門碉堡藝術館」是在邊陲離島上策展，但蔡國強仍然可以引動視聽，使這個快被遺忘的戰地因藝術而閃閃生輝，除了觀展人數眾多，還有上百家國內外媒體前往採訪、報導，蔡國強正正經經當策展人，即使自己沒有參展，仍然是新聞焦點，這是一個展覽成功與否的關鍵（媒體），當然也是藝術家躍上歷史舞台的關鍵。

　　同年十月，蔡國強在美國聖地牙哥航空展製作〈在天空繪山水畫〉，他以藍天為紙，以噴煙輕航機為畫筆，在天空中以飛機尾氣作畫，這是道道地地的做白日夢，應該是史蒂芬·史匹柏在夢工廠的製作，放眼全球當代藝術界，大概也只有蔡國強能如此，也只有蔡國強有勇於實踐的意志和力量。他把俯瞰大地的藝術常態反轉為仰望穹蒼，為藝術史展開了新的一頁。

　　是月月底，蔡國強在美國華盛頓史密松寧機構（Smithsonian Institution）的莎可樂美術館（Arthur M. Sackler Gallery）和赫希宏博物館暨雕塑花園（Hirshhorn Museum and Sculpture Garden）同時舉行大型個展「蔡國強——旅行者」。這個當初由泉州鄉下走出去的小子，憑藉著老祖宗的發明，以火藥作為指南的幻術，駕著皮筏、草船、木舟之類的載具，先征服了日本，然後美國、歐洲，進而遍及全球各地。對這個超級旅行者來說，藝術創作就是他觀察、對話及紀錄世界的最佳方式。

不合時宜

　　當華盛頓的展覽還在進行式中，相隔才一個多月（2004年12月），蔡國強又在波士頓的麻州當代美術館（MASS MoCA）舉辦了規模更大的個展「蔡國強——不合時宜」。何謂不合時宜？套句俗話，也就是哪壺不開提哪壺，故意找碴，也可說是違背時代地域的規範，有心犯沖；就像是調皮搗蛋的小孩，專挑惹人嫌或有忌諱的事幹，弄得人心惶惶、坐立難安最好，如此不合時宜的思路，正是蔡國強的克敵致勝之道，這不就是「搞怪」嘛！但能如此大搞特搞的，放眼當今藝壇，實無出其右者。

舉幾個例來說，在威尼斯充滿西方情調的水道，蔡國強卻搖一艘古中國的小風帆，還在船上放些中國草藥材，就這麼駛向最西方當代的展場，這意象多麼鮮明；此外，他以成吉思汗的方舟為名，裝上一具TOYOTA的引擎，把歐美最為畏懼的東方符號結合在一起，讓老外看得渾身不自在，這意涵多麼惱人；還有，就在中國大陸對台灣實施飛彈演習後不久，蔡國強竟然在台北放射〈金飛彈〉，然後再利用降落傘著陸，叫台灣觀者頗不是滋味，這暗示多麼強烈。俗話說：男人不壞，女人不愛；其實，藝術家不壞，觀眾也不捧場，就壞而言，蔡國強絕對是使壞的宗師。

再以金門的策展為例，在那些充滿威嚴、陽剛及肅殺之氣的碉堡內，蔡國強從日本找了搞情色表演的垠凌來創作，在春意蕩漾的床上大膽作出許多充滿性暗示的動作，而站在床邊的是貌似蔣介石和毛澤東的演員，如此張狂的演出，對一向保守的戰地居民而言，是對歷史人物的不敬和褻瀆。民眾的不解和抨擊實意料中事，此乃展覽受媒體關注的必要手段，當然在策展人的掌握中。有時候，不合時宜反而是最具能量的展現方式，蔡國強即深諳此道。

夢想家

敢於「胡思亂想」（1998於台北誠品畫廊個展主題）的蔡國強，其思路如天馬行空，做得到做不到是另一回事，至少他敢想像，這使蔡國強能跨越時間和空間的侷限，能突破美術史及當代展演的框架，能

運氣不好的一年——2003至2004年間的未竟計畫 蔡國強個展：旅行者 2004 美國華盛頓赫希宏博物館暨雕刻庭園（上圖）
垠凌於金門碉堡展的作品〈以情愛體現世界和平〉（下圖）

擺脫作為藝術家或華人的束縛……。憑藉自由自在的思維，加上隨順因緣而來的突發奇想，使蔡國強無時無刻不在搜尋，並以草圖註冊之，許多困難重重看來並不可行的爆破或創作方案，原本只是個計畫，但最終卻能實現，其源頭就是夢想，蔡國強的視野和格局均由此而來。

從「為外星人做的計畫」開始，蔡國強就想從藝術體制中脫離，從既有的展演形式中解放，他以「外星人」為媒介，企圖超越「地球」上的格局。這種無法實現的計畫，對他而言，是雖不能至然心嚮往之的最高境界。蔡國強是徹頭撤尾的浪漫主義者，在既有條件下去「製作」藝術，缺乏想像空間，此所以他的創作構思往往建立在「不可能」的層次中，此所以為何僅僅是草圖，便可以展現驚人能量的原因，甚至只是個想法，就已經令人拍案叫絕。

在千禧年的最後一夜晚上七點整，阿姆斯特丹市全市住家停電十分鐘，以蔡國強提供的燃燒棒生火、照明、取暖，讓縷縷白煙由壁爐煙囪中冒出，這件作品叫〈千禧年最後的晚餐〉；在黃浦江上炸出一條天梯；在殖民時代建築物的屋頂上炸出一條蜿蜒的巨龍；在巴黎鐵塔炸出一個與之等高的中國式寶塔……。蔡國強的夢想，有的未能實現，有的不盡理想，有的還在研究中，當然也有順利完成的，不論結果如何，都無損於創意上無可抵擋的魅力。

全力以赴

夢想固然偉大，但若得以實現，對蔡國強而言，完成任務的意義當然更為重大，尤其是親身體驗作品的成功與失敗（其爆破藝術，是瞬間能量的展現，取決於天時、地利、人和及許多不可預料的因素），其經驗之深刻與成就感之強烈是無可替代的。蔡國強許多異想天開的計畫，在技術上和執行上的困難度不但令人束手無策，甚至是望而生畏，但他卻能化解各種「不可能」解決的障礙，甚至化阻力為助力，這是蔡國強作品中看不到，卻最令人佩服的部分。

就以「金門碉堡藝術館」為例，構想是在1990年提出，當初是想把碉堡改建成情人旅館，直到2001年才有機緣和金門縣政府搭上線，之後的發展並不順利，軍方不願釋出廢棄的碉堡，地方議會對預算有意見，中央部會也不敢貿然支持，還有部分金門籍藝術家杯葛……。為此，蔡國強九度來台溝通幹旋，面對民代、尋求贊助人……沒有驚人的毅力與行動力，這個計畫根本不可能落實。

為達到目的，不惜犧牲一切，包括錢財上的損失，以蔡國強的國際參展規格來衡量，他在金門絕對是貼老本辦展，在上海APEC閉幕式的展出也是「不計代價」的。每逢蔡國強參展，總會引起許多關於經費上的揣測，甚至造成諸多排擠效應的傳聞，而根據某些美術館館長（僅限海峽兩岸）透露，他是最不計較也最好商量的重量級藝術家。何以如此？為誰而做也是蔡國強藝術信念的一部分，和做什麼，怎麼做一樣，全力以赴去完成最重要，其他都是次要的。

放眼全球藝壇，為一件作品而與政府、地方機構乃至一般民眾打交道，歷經無數溝通、協調和意見交換才得以促進創作的實踐者，在西方是克里斯多，在東方是蔡國強。成功絕非偶然，有多少藝術家願意為自己的理念做這麼多「非藝術」的工作？蔡國強的實踐力正是他得以不斷迎接挑戰，不斷超越自我的最大保證，也是最值得藝術家學習的地方。

大玩家

「我覺得蔡國強是一個大玩家」，這句話出自栗憲庭在2002年蔡國強在上海美術館個展的討論會上，由於時間有限，他對大玩家的解釋只是點到為止。這個名詞有兩個不同層次的意義，在儒家看來，玩是不正經、無意義，甚至帶有淪落、貶抑的意味；但在道家眼裡，玩是不執著、無拘束，甚至是隨意自在的最高境界。那麼，蔡國強究竟是屬於前者還

龍——炸三宅一生時裝
美國紐約　三宅和蔡國
強合作的服裝秀發表會
1998

是後者呢？這中間的界線非常曖昧，難以釐清，我們無法判斷，但知蔡國強的確是個大玩家。

　　就負面態度觀之，蔡國強最常遭致的批評是玩弄中國意象或賣弄異國情調。其實，只要和傳統扯上關係，都可能背負這樣的罪名，這是酸葡萄在作祟，反之則是隨歐美新潮或被西方主流收編。所以，玩弄和賣弄已經不能成為問題（毫無意義），真正重要的是玩得好不好、賣得妙不妙的問題。平心而論，像蔡國強玩得那麼神奇，賣得那麼出色的，又有幾人？就算是「風水師」或「煙花表演」，能以此躍上國際舞台的還有誰？

　　地理風水是道家文化體系中的一環，中藥、山水、太湖石、中國塔，還有避邪物，這些現成的文化精華不由中國藝術家提出，難道必須由老外來使用嗎？蔡國強大膽「挪用」（上網、金圓卷、馬可波羅、萬里長城……），甚至還「故弄玄虛」，看他玩得如此理所當

威尼斯收租院 全面開放——第四十八屆威尼斯雙年展 1999 義大利威尼斯

然、理直氣壯，然後名利雙收，這裡面有對於自身文化經驗的反芻和消化，有對傳統文化價值的肯定和欣賞，更有某種反噬殖民文化的揶揄和幽默。讓那些不知中華文化的西方菁英喝些補中益氣湯，泡泡藥浴，置幾個石獅子鎮宅……，蔡國強賣風水，實在賣得好！

至於「煙花表演」，如果只是好看而沒有文化深度就算不上是藝術，而蔡國強的爆破藝術，其實非常在意命題，在意發生的場域與時間、空間串聯出的當下意義，甚至所輻射出的象徵意涵，如果在這層意義上達不到一定的高度與深度，蔡國強決不輕易引爆，此所以他要選擇嘉峪關，選擇美術館，選擇上海殖民建築，選擇紐約中央公園……，只有在特殊時空裡，他的火藥才能產生文化碰撞，甚至是文化挑釁的積極作用。

中國人相信風水（如今西方也有不少信徒），它玄而又玄，看似有道理卻難以掌握，蔡國強嫌藝術家不好玩，扮演風水師可能更有魅力；中國人喜歡放煙火（西方亦然），它光芒四射，能吸引所有的目光卻稍縱即逝，蔡國強不只不想當乏味的藝術家，能操控虛空中的火花（形式與內容），更有成就感，蔡國強不能讓自己侷限在藝術世界裡，所以他要探索更多未知的領域，要極盡視聽之所能，他要玩，玩出更多的奇姿異彩。

無所不為

以爆破藝術而成名的蔡國強，卻有許多非屬煙火的代表性作品，如〈龍來了！〉、〈三丈塔〉、〈威尼斯收租院〉、〈草船借箭〉、〈文化大混浴〉……，所以他也是裝置藝術家、行為藝術家、觀念藝術家……。他可以走在最前面，把杜象（Marcel Duchamp）的「現成物」衍生為人體寫生及山水畫表演般的「現成事」；他也可以回到初發點，拿起筆在畫架上繪畫，還正經八百的展出（2002年上海美術館個展），做為一個當代藝術家，蔡國強已經是無所不為了。

　　當蔡國強展出他所收藏的馬克西莫夫（Maksimov）作品，不就是名副其實的收藏家了嗎？他還在日本、義大利和金門設立了三個美術館計畫，自封為館長，有時也擔任策展人，或是贊助者……；他還一直想在大學裡創立一個當代藝術的研究所，那麼他就是蔡教授了；他還計畫……。蔡國強這些看似玩票性質的身分，通常只能成為茶餘飯後的話題，很少人認真看待或把它當一回事。

　　仔細想想，馬克西莫夫在中國美術史上太重要了，而蔡國強是馬氏作品最大的收藏家，這難道不專業，不稀奇嗎？而他偶爾擔任策展人，搞了那麼多「非美術類」的圈外人來參展——作曲家譚盾、大導演蔡明亮、建築師張永和、音樂製作人姚謙、旅法策展人費大為、情色影像藝人垠凌……，這難道沒創意，不勁爆嗎？這樣的參展陣容及難以想像的創作形式，誰能想到又做得到？

　　有人說蔡國強野心太大，什麼都想做，其實是他玩心太重，什麼都想試一試，在三宅一生服裝秀上爆破衣服，與蔡康永（電視節目主持人）合作推出「電視購畫」……。除了與名人合作，蔡國強也曾到非洲夥同小朋友一同搞爆破、去埃及和小學生放風箏、日本和社區民眾合作塑造九十九座塔（小型的）……。蔡國強的視野開闊沒有界線，和誰都可以共同創作，加上精力、意志過人，使他能假藝術之名，無所不為。

第一人

　　自2004年9月金門的展覽開幕後，蔡國強又馬不停蹄的到聖地牙哥、華盛頓、波士頓等地辦展，還要到歐洲、日本、中國大陸等地籌劃展覽，2005年4月才結束台北當代藝術館的展出，接著將與范迪安共同擔任六月份威尼斯雙年展中國館的策展工作……。在短短的幾個月間，蔡國強竟可以策到兩個大展，舉辦兩回個展，以及好幾次的聯展，還有訪問、會議、出版……。

　　蔡國強崛起已十數年，他的藝術創作正處於躍進狀態，不僅形式、內涵與能量在增生，其版圖、面向與影響力也在擴張中，他的前進步伐從未停歇，創作計畫往往排到幾個年度之後，研擬中的、製作中的、協調中的、因故而未能實施的、還停留在腦海中的……，今日的蔡國強，擁有無法測度的能量，善於異想天開，精於溝通、協調，長於組織、經營，懂得宣傳、行銷，還有絕佳的執行、實踐能力。如此因緣，像大馬戲團的巡迴演出般穿梭在世界各地，隨著時空轉移，不僅未曾倦怠、衰退，反而日益興旺、愈演愈烈。

　　今年初，蔡國強再次獲得英國藝術雜誌 *ArtReview* 評選為全球藝術界最具影響力的一百名人之列（已連續三年入選），這不僅是知名度與重要性的顯示，更代表了蔡國強在全球視野中所具有的份量。在亞洲，也只有他和村上隆可以名列百大之中，在華人世界，則只此一人獨領風騷，此人為何是蔡國強？他究竟有什麼樣的魅力？

　　蔡國強，這個藝術世界的旅行者，以不合時宜的方式行遍全球各大展場，他是個夢想家，也是全力以赴的實踐者，或許他是個大玩家，儘可能的亂搞，無所不為。不論我們怎麼想、怎麼看，這個善於製造驚奇的魔法師，已然是華人藝術世界裡的第一人。

附錄一、蔡國強年表

1957年12月　　生於中國福建省泉州市
1981～85年　　就讀於上海戲劇學院舞台美術系
1986年12月　　前往日本
1989～91　　　就讀於日本國立筑波大學綜合造形研究室
1993　　　　　受法國卡地亞當代美術基金會邀請於巴黎創作活動三個月
1995　　　　　受美國亞洲文化協會邀請參加紐約P. S. 1美術館國際工作室計畫創作活動一年
　　　　　　　日本文化設計獎受獎，日本
　　　　　　　第四十六屆威尼斯雙年展「超國度文化展」Benesse獎受獎，義大利
1997　　　　　第一屆織部獎受獎，日本
1999　　　　　第四十八屆威尼斯雙年展國際金獅獎受獎，義大利
2001　　　　　歐柏特藝術獎受獎，美國

1995年9月至今居住和工作於紐約

個展

2005
- 〈龍捲風——為中國文化節作的爆破計畫〉甘迺迪表演藝術中心
  美國華盛頓
- 策劃「什麼都是美術館第二號：UMoCA 橋下當代藝術館」：
  〈馬文個展：風園〉，義大利托斯卡尼
- 〈暗黑中的生命〉，水果市場美術館，英國愛丁堡
- 〈天堂〉，札契塔國家美術館，波蘭華沙
- 合作策劃「第五十一屆威尼斯雙年展——中國館」，義大利
- 〈黑彩虹〉，瓦倫西亞現代美術館，西班牙瓦倫西亞

2004
- 〈蔡國強——不合時宜〉，麻州當代美術館，美國北亞當
- 〈蔡國強——旅行者〉，史密松寧博物館：赫希宏美術館／
  莎可樂美術館，美國華盛頓
- 策劃「金門碉堡藝術館」，台灣金門

2003
- 〈天空中的人、鷹與眼睛——為埃及錫瓦做的風箏計畫〉，
  埃及錫瓦
- 〈光輪——中央公園的爆炸計畫〉，美國紐約
- 〈爆炸事件——中央公園上空的光輪〉，亞洲協會美術館，
  美國紐約
- 策劃「DMoCA龍當代美術館」開館展〈Kiki史密斯個展〉，日本新瀉

- 〈來自天上的焰火〉，加州大學，柏克萊美術館，美國柏克萊
- 〈蔡國強——隨意的歷史〉，S.M.A.K.當代美術館，比利時根特
- 〈葉公好龍〉，泰德現代美術館，英國倫敦

2002
- 〈蔡國強——空靈的花〉，特倫多市立美術館，義大利特倫多
- 〈移動的彩虹〉，紐約現代美術館，美國紐約
- 〈蔡國強的茶室——向岡倉天心致敬〉，雕刻之森美術館，
  日本神奈川
- 〈蔡國強藝術展〉，上海美術館，中國上海

2001
- 〈隨意的歷史〉，里昂當代美術館，法國
- 設計「APEC大型景觀焰火表演」，中國上海
- 策劃「什麼都是美術館第二號：UMoCA」開館展：
  〈倪再沁個展〉，義大利托斯卡尼
- 〈九十九座塔〉磐城畫廊，日本福島
- 〈印象油畫草圖〉，史考特藝術館，加拿大溫哥華
- 〈水墨寫生表演〉，當代藝術館，加拿大溫哥華

2000
- 〈為計畫做的計畫〉，卡地亞當代藝術基金會，法國巴黎
- 〈走上樓梯〉，紐約軍械庫，美國紐約

260

Chronology

Born: December 8, 1957, Quanzhou City, Fujian Province, China
Education: Department of Stage Design, Shanghai Drama Institute, 1981 ‒ 1985
Residence: Tokyo, Japan, 1986-1995. New York, USA, 1995-present
Grants: The Institute for Contemporary Art: The National and International Studio Program 1995 ‒ 1996, Asian Cultural Council Grant, New York
            Fondation Cartier pour l'art contemporain, Paris, 1993
Awards: *CalArts/Alpert Award in the Arts*, USA, 2001
            The Venice Biennial International Prize: Golden Lion, 48th Venice Biennial, Italy, 1999
            Oribe Awards, Gifu, Japan, 1997
            Benesse Prize of Transculture Exhibition, 46th Venice Biennial, Italy, 1995
            Japan Cultural Design Prize, Tokyo, Japan, 1995

Solo Exhibitions and Projects

2005   *Tornado:Explosion Project for the Festival of China*, John F. Kennedy Center for the Performing Arts, Washington D.C., USA
        Curator of UMoCA Exhibition by Jennifer Wen Ma: *Aeolian Garden*, Arte all'Arte, Arte Continua, Colla di Val d'Elsa, Italy.
        Life Beneath the Shadow, Fruitmarket Gallery, Edinburgh, England (cat.)
        Paradise, The Zacheta National Gallery of Art, Warsaw, Poland (cat.)
        Curator of *Virgin Garden: Emersion*, China Pavilion, 51st Biennale Di Venezia, Venice, Italy (cat.)
        Black Rainbow, Institut Valencia d'Art Modern, Valencia, Spain (cat.)
        On Black Fireworks, Institut Valencia d'Art Modern, Valencia, Spain (cat.)

2004   *Cai Guo-Qiang: Inopportune*, MASS MoCA, North Adams, USA (cat.)
        Cai Guo-Qiang: Traveler, Freer & Sackler Gallery and Hirshhorn Museum and Sculpture Garden, Smithsonian Institution, Washington DC,
            USA (brochure)
        Curator of *BMoCA: Bunker Museum of Contemporary Art*, Kinmen, Taiwan (video, brochure)

2003   *Man, Eagle and Eye in the Sky: Kite Project for Siwa*, Egypt, Siwa, Egypt (cat., video)
        Light Cycle: Explosion Project for Central Park, Creative Time, New York, USA (video)
        Explosion *Event: Light Cycle Over Central Park*, Asia Society and Museum, New York, USA (cat.)
        Ye Gong Hao Long: Explosion Project for Tate Modern, Tate Modern, London, UK (video)
        Cai Guo-Qiang: An Arbitrary History, S.M.A.K. Gent, Belgium.
        Cai Guo-Qiang: For Your Pleasure Matrix 204, University of California Berkeley Art Museum, Berkeley, USA.
        Curator of *Pause: DMoCA Inaugural Exhibition with Kiki Smith*, Niigata, Japan (cat.)

2002   *Cai Guo-Qiang: Ethereal Flowers*, Galleria Civica di Arte Contemporanea Trento, Trento, Italy (cat.)
        Transient Rainbow, Museum of Modern Art, New York, USA (video)
        Cai Guo-Qiang's CHADO Pavilion—Homage to Tenshin Okakura, Hakone Open Air Museum, Hakone, Japan (cat.)
        Cai Guo-Qiang, Shanghai Art Museum, Shanghai, China (cat.)

2001   *An Arbitrary History*, Musee d'art Contemporain Lyon, Lyon, France (cat.)
        Artistic Direction for *APEC Cityscape Fireworks*, Asia Pacific Economic Cooperation, Shanghai, China (video)
        Curator of *UMoCA* and inaugural exhibition by Ni Tsai-chin *Who Is the Happiest?*, Arte all'Arte, Arte Continua, Colla di Val d'Elsa, Italy (cat.)
        Performing Chinese Ink Painting, Contemporary Art Gallery, Vancouver, Canada
        Impression Oil Drawings, Charles H. Scott Gallery, Vancouver, Canada

1999
- 〈我是千年蟲〉，維也納美術館，奧地利

1998
- 〈不破不立——引爆台灣省立美術館〉，台灣省立美術館，
  台灣台中
- 〈胡思亂想〉，誠品畫廊，台灣台北

1997
- 〈文化大混浴——為20世紀做的計畫〉，皇后美術館，美國紐約
- 〈飛龍在天〉，路易斯安娜現代美術館，丹麥

1996
- 〈有蘑菇雲的世紀——為二十世紀做的計畫〉，美國內華達核
  子試驗基地，猶他州，鹽湖，紐約

1994
- 〈混沌〉，世田谷美術館，日本東京
- 〈關於火炎〉，東京畫廊，日本

- 〈地平線——為外星人做的計畫第十四號〉，日本磐城市海面
- 〈來自環太平洋〉，磐城市市立美術館，日本福島
- 〈生命歷〉，APA畫廊，名日本古屋

1993
- 〈龍脈〉，P3藝術和環境研究院，日本東京
- 〈萬里長城延長一萬米——為外星人做的計畫第十號〉，
  中國嘉峪關市

1992
- 〈哭牆——來自四百輛汽車的發動機〉，IBM川崎市民
  日本展覽館

1991
- 〈原初火球——為計畫做的計畫〉，P3藝術和環境研究院，
  日本東京

1990
- 〈1988至1989年作品展〉，大阪府立當代美術中心，日本

群展

2005
- 「翻譯」，作品：〈龍來了！〉，當代藝術中心東京宮，法國巴黎
- 「牆：中國當代藝術主題展」，作品：〈萬里長城延長一萬米
  ——為外星人做的計畫第十號〉中華世紀壇藝術館，
  中國北京；紐約州立水牛城大學美術館，美國水牛城
- 「建築物可以策劃嗎？」，作品：〈金門碉堡藝術展〉藝術與
  建築市集，美國紐約
- 「偷天換日」，作品：〈電視購畫〉，台北當代美術館，台灣台北
- 「現在做夢」，作品：〈夢〉，洛思美術館，布蘭代思大學，
  美國華爾申木
- 「（我私人的）英雄」，作品：〈飛毯〉、〈自動銷毀〉，赫爾福
  特美術館，德國

2004
- 「亞洲文化協會四十週年」，作品：〈紅星飛碟〉，林肯爵士
  中心，美國紐約
- 「顛倒中的過去」，作品：為〈在天空繪山水畫〉做的草圖，
  聖地牙哥美術館，美國
- 「米拉馬航空展」，作品：〈在天空繪山水畫〉，米拉馬空軍
  基地，美國聖地牙哥
- 「第二十六屆聖保羅雙年展」，作品：〈一路順風〉，巴西
- 「雪展」，作品：〈用伏特加撫摸薩哈·哈蒂〉，芬蘭羅凡尼亞米
- 「鹿特丹國際電影展——乍現電影」，作品：

〈今宵如此美麗〉，荷蘭鹿特丹

2003
- 「間」，作品：為〈走上樓梯〉和〈在巴黎建一個中國塔〉作的
  草圖，龐畢度文化藝術中心，法國巴黎
- 「脈搏——治癒藝術和傳喚」，作品：〈有病治病，無病
  防身〉，I.C.A.當代美術中心，美國 波士頓
- 「比這更好的某一個地方」，作品：〈文化大混浴〉，辛辛那提
  當代美術中心，美國辛辛那提

2002
- 「預料之外」，作品：〈今宵如此美麗〉，卡地亞當代藝術
  基金會，法國巴黎
- 「廣州當代藝術雙年展——重新解讀：中國實驗藝術十年」，
  作品：〈萬花鏡：時光隧道〉，廣東美術館，中國廣州
- 「第三屆蒙特婁雙年展」，作品：〈印象油畫草圖——移動
  的彩虹〉，加拿大蒙特婁
- 「畫廊展」，作品：〈錢袋〉，皇家美術學院，英國倫敦
- 「磁性——塔斯卡尼的外國藝術家」，作品：〈勝利的禮物是
  傷痕累累〉，魯治比奇當代藝術中心，義大利比斯托伊亞
- 「美術的力量——開拓時代的七位藝術家」，作品：
  〈九十九艘金船〉，兵庫縣立美術館，日本神戶

2000   *Ascending a Staircase.* 69th Regiment Armory, New York, USA (video)

          Project for Projects. Fondation Cartier pour l'art Contemporain, Paris, France (cat.)

1999   *I Am the Y2K Bug,* Kunsthalle Wien, Vienna, Austria (cat.)

1998   *No Construction, No Destruction: Bombing the Taiwan Museum of Art,* Taiwan Museum of Art, Taichung, Taiwan (cat., video, CD-ROM)

          Daydreaming, Eslite Gallery, Taipei, Taiwan (cat.)

1997   *Cultural Melting Bath: Projects for the 20th Century,* Queens Museum of Art, New York, USA (cat.)

          Flying Dragon in the Heavens, Louisiana Museum of Modern Art, Humblebaek, Denmark (cat., video)

1996   *The Century with Mushroom Clouds - Projects for the 20th Century,* Nevada, Nuclear Test Site, Salt Lake, New York, USA

1994   *Chaos,* Setagaya Art Museum, Tokyo, Japan (cat.)

          Concerning Flame, Tokyo Gallery, Tokyo, Japan (cat.)

          The Horizon from the Pan-Pacific, Iwaki, Fukushima, Japan (brochure and video)

          From the Pan-Pacific, Iwaki City Art Museum, Fukushima, Japan (cat.)

          Calendar of Life, Gallery APA, Nagoya, Japan (cat.)

1993   *Project to Extend the Great Wall of China by 10,000 Meters,* Jiayuguan City, China (book)

          Long Mai (The Dragon Meridian), P3 art and environment, Tokyo, Japan (brochure)

1992   *Wailing Wall - From the Engine of Four Hundred Cars,* IBM Kawasaki City Galley, Kawasaki, Japan (cat.)

1991   *Primeval Fireball: The Project for Projects,* P3 art and environment, Tokyo, Japan (cat.)

1990   *Works 1988/89,* Osaka Contemporary Art Center, Osaka, Japan (brochure)

Group Exhibitions and Projects (Selection)

2005   *Translation,* Palais de Tokyo, Paris, France.

          Can Buildings Curate, Storefront for Art and Architecture, New York, USA

          The Wall, Millennium Monument Art Museum, Beijing, China; State University at Buffalo, Buffalo, New York, USA

          (My Private) Heroes, MARTa Herford, Herford, Germany (cat.)

          Trading Place, Museum of Contemporary Art, Taipei, Taiwan (cat.)

          Universal Experience: Art, Life and the Tourist's Eye, Museum of Contemporary Art, Chicago, USA (cat.)

          Dreaming Now, The Rose Art Museum, Brandeis University, Waltham, USA (cat.)

2004   *Past in Reverse,* San Diego Museum of Art, San Diego, USA

          Miramar Air Show, San Diego Museum of Art and Marine Corps Air Station, San Diego, USA

          26th Bienal Internacional Sao Paulo, Sao Paulo, Brazil

          All Under Heaven, Museum of Contemporary Art Antwerp, Antwerp, Belgium. (cat.)

          The Snow Show, Rovaniemi, Finland

          International Film Festival Rotterdam: Exposing Cinema, Rotterdam, The Netherlands (cat.)

2003   *Drawing Show,* University of Florida, Gainsville, Florida, USA (cat.)

          The Heroic Century: The Museum of Modern Art Masterpieces, 200 Paintings and Sculptures, Museum of Fine Art, Houston, USA (cat.)

          Alore, Chine? Centre Pompidou, Paris, France (cat.)

          Pulse, Art, Healing, and Transformation, The Institute of Contemporary Art, Boston, USA. (cat.)

          Somewhere Better Than This Place, The Contemporary Arts Center, Cincinnati, USA.

2002   *Ce Qui Arrive,* Fondation Cartier pour l'art contemporain, Paris, France. (cat.)

          The First Guangzhou Triennial. Reinterpretation:A Decade of Experimental Chinese Art, Guangdong Museum of Art, Guangzhou, China

          3rd Biennale de Montreal-2002, Montreal, Canada

- 「Tokachi國際當代美術展——Demeter」，作品：〈天空中的飛碟和神社〉，帶廣競馬場，日本北海道
- 「紅色大陸——中華」，作品：〈夢〉，光州市立美術館，韓國光州
- 「2002視覺藝術展」，作品：〈逆流〉，里莫力克市立美術館，愛爾蘭里莫力克
- 「某會」，作品：〈蜘蛛網〉，浙江圖書館，中國杭州
- 「治療的藝術」，作品：〈艾炙——給非洲〉，艾普克藝術畫廊，美國紐約
- 「關係的必要性」，作品：〈萬花鏡〉，市立當代美術館，義大利特倫托
- 「不用繪的畫展」，作品：為〈走上樓梯〉做的草圖，萊比錫美術館，德國萊比錫

2001

- 「形式跟隨虛擬」，作品：〈油畫寫生表演〉，卡斯特羅·得·瓦利當代美術館，義大利都靈
- 「橫濱三年展」，作品：〈來自天上的焰火〉，日本橫濱
- 「清爽」，作品：〈為雙年展服務〉，第四十九屆威尼斯雙年展，義大利
- 「松斯貝克第九屆——當地與焦點」，作品：〈像畫家那樣，像畫那樣〉，荷蘭阿納姆
- 「瓦倫西亞雙年展」，作品：〈為燒塔作的草圖〉，西班牙瓦倫西亞
- 「禮物」，作品：〈勝利的禮物是傷痕累累〉，女教皇當代藝術中心，錫耶納，義大利；史考岱爾當代美術館，亞歷桑納，美國；布朗美術館，美國布朗
- 〈分裂——為殷梅現代舞所做的舞台設計〉，聖馬克教堂，美國紐約

2000

- 「上海·海上——上海雙年展」，作品：〈為大眾做的自我宣傳〉，中國上海美術館
- 「無止境——MoMA2000」，作品：〈草船借箭〉，紐約現代美術館，美國
- 「媒體城市漢城」，作品：〈大爆炸·小爆炸〉漢城大都會美術館，韓國漢城
- 「抵抗行動」，作品：〈大爆炸·小爆炸〉庫得米斯里拉文化中心，西班牙
- 「越後妻有三年展」，作品：〈什麼都是美術館第一號：DMoCA·龍當代美術館〉，日本新瀉
- 「分享異國情調——第五屆里昂雙年展」，作品：〈文化大混浴〉，法國
- 「藝術無限——巴塞爾2000年」，作品：〈龍年〉，第31屆巴塞爾博覽會，瑞士
- 「第十二屆雪梨雙年展」，作品：〈寫生表演〉，澳洲雪梨
- 「跨越界限」，作品：〈空中浴盆〉，S.M.A.K當代美術館，比利時根特
- 「大地的安寧」，作品：〈禮炮〉，巴依亞現代美術館，巴西薩爾瓦多
- 「2000年惠特尼雙年展」，作品：〈你的風水沒問題嗎？〉，惠特尼美國藝術博物館，美國紐約
- 「向外行駛——九〇年代之路」，作品：〈龍來了！〉，休斯頓當代美術館，美國
- 「牆」，作品：〈萬里長城延長一萬米草圖〉，國立歷史博物館，台灣台北
- 「感恩」，作品：〈九二一的烙印〉，國立台灣美術館，台灣台中

1999

- 「超越未來——亞太三年展」，作品：〈過橋〉，昆士蘭美術館，澳洲布里斯班
- 「黑裡亞在美術館」，作品：〈黑裡亞垃圾山改造計畫〉，特拉維夫美術館，以色列
- 「Zeitwenden——世界藝術2000」，作品：〈2000年的鐘〉，波恩美術館，德國
- 「世界藝術對話」，作品：〈不信神的世紀〉，路德維奇美術館，德國科隆
- 「尋找一個空間」，作品：〈燈塔〉，第三屆聖菲國際雙年展，美國
- 「全面開放」，作品：〈威尼斯收租院〉，第四十八屆威尼斯雙年展，義大利
- 「2000年大全景」，作品：〈做最後的晚餐〉，中心美術館，荷蘭烏德勒支
- 「S. M. A. K美術館開館展」，作品：〈祝賀〉，S.M.A.K當代美術館，比利時根特
- 「現代藝術的世界潮流」，作品：〈龍來了！狼來了！成吉思汗的方舟〉，畢爾巴鄂古根海姆美術館，西班牙

1998

- 「殘跡——墨爾本藝術節」，作品：〈肅靜〉，澳洲
- 「三宅一生——做東西」，作品：〈龍，炸三宅一生服裝〉，卡地亞當代藝術基金會，法國巴黎；ACE畫廊，美國紐約（1999年）；東京都當代美術館，日本（2000年）
- 「交差」，作品：〈龍來了！狼來了！成吉思汗的方舟〉，〈龍來了！從渥太華河來——草圖〉，加拿大國家美術館，加拿大渥太華
- 「全球視野——九〇年代的新藝術」，作品：〈龍來了！〉，Deste基金會，希臘雅典
- 「欲望場域——台北雙年展」，作品：〈金飛彈〉、〈廣告城〉，台北市立美術館，台灣
- 「蛻變突破——新中國藝術展」，作品：〈草船借箭〉，P. S. 1美術館，紐約，美國，舊金山現代美術館，舊金山亞洲美術館，美國（1999年）；蒙特雷當代美術館，墨西哥（1999年），西雅圖亨利美術館，美國（2000年）；坎培拉國立美術館，作品：〈水晶塔〉，澳洲（2000年）
- 「天地之際」，作品：〈紐約蚯蚓室〉，巴德學院策劃人研修中心美術館，美國紐約
- 「創傷：當代藝術中的民主與救贖」，作品：〈分海——為外星人做的計畫第三十號〉；斯德哥爾摩現代美術館，瑞典

The Galleries Show, The Royal Academy of Art, London, UK (video)

Magnet: Foreign Artists in Tuscany, Luigi Pecci Center for Contemporary Art, Pistoia, Italy

Tokachi International Contemporary Art Exhibition: Demeter, Obihiro, Japan (cat.)

The Power of Art: The 2nd Inaugural Show of the Prefectural Museum of Art, The Prefectural Museum of Art, Hyogo, Kobe, Japan

Red Continent, Gwangju Art Museum, Gwangju, Korea (cat.)

ev+ a 2002, Limerick City Gallery of Art, Limerick, Ireland

M Meeting, Zhejiang Library, Hangzhou, China

Art That Heals, Apexart Gallery, New York, USA

Necessity of Relationship, Galleria Civica di Arte Contemporanea, Trento, Italy (cat.)

Painting without Painting, Museum fur bildende Kunste, Leipzig, Germany (cat.)

2001   *Form Follows Fiction*, Castello di Rivoli Museo d'Arte Contemporanea, Turin, Italy (cat.)

Mega Wave, Yokohama 2001 International Triennale of Contemporary Art, Yokohama, Japan (cat.)

Valencia de Bienale, Valencia, Spain (cat.)

Project Refreshing, 49th Venice Biennale, Venice, Italy (cat.)

Locus/Focus, Sonsbeek 9, Arnhem, The Netherlands (cat.)

Gift, Palazzo Papesse, Siena, Italy. Scottsdale Museum of Contemporary Art, Arizona, USA (2002). The Bronx Museum of the Arts, Bronx, USA (2002) (cat.)

Visual environment for */Asunder*, Yin Mei Dance, Danspace, St. Mark's Church, New York, USA (video)

2000   *Shanghai Spirit*, Shanghai Biennial, Shanghai Museum of Art, China (cat.)

Open End—MoMA 2000, Museum of Modern Art, New York, USA (cat.)

media_city_seoul, Seoul Metropolitan Museum, Seoul, Korea (cat.)

Echigo-Tasumari Art Triennial, Niigata, Japan (cat.)

The Quite in the Land, Museu de Arte Moderna da Bahia, Salvador, Brazil (cat.)

Sharing Exoticism, 5th Lyon Biennale of Contemporary Art, Lyon, France (cat.)

Art/Unlimited/Basel/2000, Art/31/Basel, Basel, Switzerland

The Act of Resistance, Koldo Mitxelena Kulturunea, Donostia-San Sabastian, Spain

Biennale of Sydney 2000, Art Gallery of New South Wales, Sydney, Australia (cat.)

Over the Edges, SMAK, Gent, Belgium (cat.)

2000 Biennial Exhibition, Whitney Museum of American Art, New York, USA (cat.)

Outbound, Houston Contemporary Arts Museum, Houston, USA (cat.)

Wall, National Museum of History, Taiwan (cat.)

Gratitude, Taiwan Museum of Art, Taiwan

1999   *Art-Worlds in Dialogue*, Museum Ludwig, Cologne, Germany (cat.)

Zeitwenden, Kunstmuseum Bonn, Bonn, Germany (cat.)

Kunstwegen, Stadtische Galerie Nordhorn, Nordhorn, Germany (cat.)

Beyond The Future, The Third Asia-Pacific Triennial of Contemporary Art, Brisbane, Australia (cat.)

Aperto over All, 48th Venice Biennial, Italy (cat.)

Hiriya in the Museum: Artists' and Architects' Proposals for Rehabilitation of the Site, Tel Aviv Museum of Art, Israel (cat.)

International Currents in Contemporary Art, Guggenheim Museum Bilbao, Spain

Looking for a Place, The Third International Biennial, SITE Santa Fe, USA (cat.)

Opening S.M.A.K, Museum of Contemporary Art, Gent, Belgium (book)

Panorama 2000, Centraal Museum Utrecht, Netherlands (cat.)

1998   *Remanence*, Melbourne Festival, Melbourne, Australia (cat.)

Issey Miyake Making Things, Fondation Cartier pour l'art contemporain, Paris, France; ACE Gallery, New York, USA (1999) Museum of Contemporary Art Tokyo, Japan (2000) (book)

Crossings, National Gallery of Canada, Ottawa, Canada (cat.)

Inside Out: New Chinese Art, P.S.1 Contemporary Art Center, New York, USA; San Francisco Museum of Modern Art & Asian Art Museum of San Francisco, San Francisco, USA (1999); MARCO, Monterey, Mexico (1999); Tacoma Art Museum and Henry Art Gallery, Seattle, USA (1999) (cat.)

Global Vision: New Art from the 90's part II, Deste Foundation, Athens, Greece (brochure)

Taipei Biennial "*Site of Desire*", Taipei Fine Arts Museum, Taipei, Taiwan (cat.)

Where Heaven and Earth Meet, Art Museum of the Center for Curatorial Studies, Bard College, NY, USA (bro.)

- 「別墅、庭園、記憶、1998、2000、1999」，作品：〈油畫草圖〉、〈刀耕火種〉，羅馬法蘭西學院，義大利

1997

- 「心動——亞州散步 II」，作品：〈天機〉，資生堂畫廊，日本東京
- 「令人擔心的行為藝術」，作品：〈有病治病，無病防身〉，芝加哥當代美術館；聖塔菲展覽館，美國
- 「未來、現在、過去」第四十七屆威尼斯雙年展主題館，作品：〈龍來了！〉，義大利
- 「第五屆伊斯坦丁堡雙年展」，作品：〈彼岸〉，土耳其
- 「動感城市」，作品：〈紅色高爾夫〉，維也納分離派美術館，奧地利；波爾多美術館，法國，P.S.1美術館，美國紐約（1998年）；路易士安娜現代美術館，丹麥；黑瓦特畫廊，英國倫敦；克斯馬當代美術館，芬蘭赫爾辛基（1999年）

1996

- 「在二十世紀的廢墟裡」，作品：〈螃蟹之家——為二十世紀做的計畫〉，紐約P. S.1美術館，美國
- 「天地之間——今日的日本美術」，作品：〈成吉思汗的方舟〉，名古屋市美術館，日本；塔馬約美術館，墨西哥
- 「亞洲、大洋洲三年展」，作品：〈龍或彩虹蛇———一個受祝福或被畏懼的神話〉，昆士蘭美術館，澳洲
- 「普遍性」，第二十三屆聖保羅雙年展，作品：〈圓蓋——為二十世紀做的計畫〉，巴西
- 「火的起源和神話——日中韓新美術」，作品：〈小心火〉，琦玉縣現代美術館，日本
- 「紅門」，作品：〈藏龍臥虎——真正的收藏，為美術品收藏庫做的計畫〉，根特市美術館，比利時
- 「雨果・巴斯獎」，作品：〈龍來了！狼來了！成吉思汗的方舟〉，古根海姆美術館，蘇荷館，美國紐約

1995

- 「第五十一屆斯科裡夫斯陶藝年展」，作品：〈大器未成〉，斯科裡夫斯大學美術館，美國加州
- 「第一屆約翰尼斯堡雙年展」，作品：〈有限制的暴力，彩虹——為外星人做的計畫第二十五號〉，約翰尼斯堡發電廠等，南非
- 「開館紀念展，日本的當代美術1985～1995」，作品：〈東方——三丈塔〉，東京都當代美術館，日本
- 「超國度文化」第四十六屆威尼斯雙年展，作品：〈馬可波羅遺忘的東西〉，義大利
- 「水波」，作品：〈橋〉，東京青山市街及和多利當代美術館，日本
- 「暝想」，作品：〈東亞〉，湖巖美術館，韓國漢城

1994

- 「亞洲散步」，作品：〈散步〉，資生堂畫廊，日本 東京

- 「平安建都一千二百年祭」，作品：〈來自長安的祝賀〉，京都市政府廣場，日本
- 「開放系」，作品：〈宇宙圖案——為水戶做的風水計畫〉，水戶市藝術館當代美術中心，日本
- 「巴府藝術節——源泉」，作品：〈天梯——為外星人做的計畫第二十號〉，英國巴府
- 「亞洲的創造力」，作品：〈地球也有黑洞——為外星人做的計畫第十六號〉，廣島當代美術館及日本陸軍司令部基地舊址，日本
- 「暗黑的心」，作品：〈神話，射日——為外星人做的計畫第二十一號〉；〈藍十字——為美術館開的處方〉，國立科內拉，庫勒慕勒美術館，荷蘭

1993

- 「沈默的力量」，作品：〈牛津的慧星——為外星人做的計畫第十七號〉，牛津現代美術館，英國
- 「野外製作 '93」，作品：〈文明葬〉，滋賀縣立陶藝之森，日本

1992

- 「電信時代的美術展」，作品：〈人類的神話——為外星人做的計畫第十二號〉，奧地利維也納
- 「尋找宇宙樹——亞洲當代美術之旅」，作品：〈火箭史〉，琦玉縣立現代美術館，日本
- 「遇見異己———卡塞爾國際美術展」，作品：〈胎動二——為外星人做的計畫第九號〉，漢穆登軍事基地，德國

1991

- 「非常口——中國前衛藝術展」，作品：〈天地悠悠——為外星人做的計畫第十一號〉，香椎火車站舊址及三菱地產展覽館，日本福岡

1990

- 「為了昨天的中國明天」，作品：〈人類為他的45.5億年的星球做的四十五個半隕石坑——為外星人做的計畫第三號〉，法國布希爾村
- 「美術館市——天神90」，作品：〈我是外星人——為外星人做的計畫第四號〉，福岡市政府大廈及港口，日本
- 「第七屆日本牛窗國際藝術節」，作品：〈胎動——為外星人做的計畫第五號〉，日本岡山

1989

- 「'89多摩川福生野外美術展」，作品：〈人類之家——為外星人做的計畫第一號〉，日本東京

1985

- 「上海、福建青年現代美術聯展」，福州市美術館，中國
- 「武夷山野外展」，中國福建

La Ville, le Jardin, la memoire: 1998, 2000, 1999, Academie de France a Rome, Rome, Italy (1999, 2000) (cat.)

Wounds: Between Democracy and Redemption in Contemporary Art, Moderna Museet, Stockholm, Sweden (cat.)

1997   *Cities on the Move*, Secession, Vienna, Austria (cat); Museum of Contemporary Art Bordeaux, Bordeaux, France; P.S.1, New York, USA (1998); Louisiana Museum of Modern Art, Humblebaek, Denmark (1999) (cat.), Hayward Gallery London, UK (1999) (Cat.); Kiasma Museum of Contemporary Art, Helsinki, Finland (1999) (cat.)

On Life, Beauty, Translation, and Other Difficulties, 5th International Istanbul Biennial, Turkey (cat.)

Future, Past, Present, 47th Venice Biennial, Italy (cat.)

Performance Anxiety, Museum of Contemporary Art, Chicago, USA; Museum of Contemporary Art, San Diego, U.S.A.; SITE, Santa Fe, USA (cat. with CD-ROM)

Promenade in Asia II, Shiseido Gallery, Tokyo, Japan (cat.)

1996   *The Hugo Boss Prize 1996*, Guggenheim Museum Soho, New York, USA (cat.)

The Red Gate, Museum van Hedendaagse kunst, Gent, Belgium (cat.)

Origins and Myths of Fire - New Art from Japan, China and Korea, The Museum of Modern Art, Saitama, Japan (cat.)

Universalis, 23rd International Biennial of Sao Paulo, Brazil (cat.)

Asian-Pacific Triennial of Contemporary Art, Queensland Art Gallery, Australia (cat.)

Between Heavens and Earth - Aspects of Contemporary Japanese Art II, Nagoya City Art Museum, Japan (cat.); Tamayo Museum, Mexico City, Mexico (cat.)

In the Ruins of Twentieth Century, The Institute for Contemporary Art, P.S.1 Museum, New York, USA (cat.)

1995   *Contemplation*, The Ho - Am Museum, Seoul, Korea (cat.)

Ripple Across the Water, Watarium Museum of Contemporary Art, Tokyo, Japan (cat.)

Transculture, 46th Venice Biennial, Venice, Italy (cat.)

Art in Japan Today 1985 - 1995, Museum of Contemporary Art, Tokyo, Japan (cat.)

The 1st Johannesburg Biennial, Johannesburg, South Africa (cat.)

The 51st Scripps Ceramics Annual, Ruth Handler Williamson Gallery, Scripps College, Clacemont, USA (bro.)

1994   *Heart of Darkness*, Rijksmuseum Kruller - Muller, Otterlo, Holland (cat.)

Creativity in Asian Art Now, Hiroshima City Museum, Hiroshima, Japan (cat.)

Well Spring, Bath Festival Exhibition, Bath, UK (cat.)

Open System, Contemporary Art Gallery, Art Tower Mito, Ibaragi, Japan (cat.)

Making New Kyoto ' 94, Kyoto, Japan

Promenade in Asia, Shiseido Gallery, Tokyo, Japan (cat.)

1993   *Silent Energy*, Museum of Modern Art, Oxford, UK (cat.)

Outdoor Workshop ' 93, The Shigaraki Ceramic Cultural Park, Shigaraki, Japan (bro.)

1992   *Encountering the Others*, The Kassel International Art Exhibition, Hann. Munden, Germany (cat. and book)

Das Kunstwerk in Zeitaleer Seiner Telekommunizerbarkeit, Vienna, Austria (cat.)

Looking for Tree of Life, the Museum of Modern art, Saitama, Japan (cat.)

1991   *Exceptional Passages*, Museum City Project, Fukuoka, Japan (bro.)

1990   *The 7th Japan Ushimado International Art Festival*, Okayama, Japan (cat.)

Chine Demain pour hier, Pourrieres, Aix - en - Provence, France (book)

Museum City Tenjin ' 90, Fukuoka, Japan (cat.)

1989   *' 89 Tama River Fussa Art Exhibition*, Tokyo, Japan (cat.)

1985   *The Shanghai and Fujian Youth Modern Art Joint Exhibition*, Fuzhou City Museum, Fujian, China (bro.)

Wuyi - Shan Open Air Exhibition, Fujian, China

附錄二、蔡國強出版年表
Selected Bibliography

A. 展覽畫冊及相關資料（Exhibition Catalogues and Related Materials）

2005   Vitamin D: New Perspectives in Drawing. New York: Phaidon Press.

Drawing from the Modern 1975-2005. New York: The Museum of Modern Art.

MoMA Highlights: 350 Works from the Museum of Modern Art, New York. New York: The Museum of Modern Art.

Modern Contemporary: Art at MoMA Since 1980. New York: The Museum of Modern Art.

City Art: New York's Percent for Art Program. New York: New York City Department of Cultural Affairs with Merrell Press

Cai Guo-Qiang. Valencia: Institute Valencia d'Art Modern.

Cai Guo-Qiang. Edinburgh: The Fruitmarket Gallery.

Cai Guo-Qiang. Warsaw: Zacheta National Gallery of Art.

Always A Little Further. Venezia: La Biennale di Venezia.

Dreaming Now. Waltham: The Rose Art Museum of Brandeis University.

The Experience of Art. Venezia: La Biennale di Venezia.

(my private) Heroes. Herford: Kerber and MARTa Herford.

Trading Place. Taipei: Museum of Contemporary Art in Taipei.

The Snow Show. London: Thames & Hudson.

Universal Experience: Art, Life and the Tourist's Eye. Chicago and New York: Museum of Contemporary Art, Chicago, in association with D.A.P./Distributed Art Publishers, Inc.

2004   26a Bienal de São Paulo. São Paulo: Fundação Bienal de São Paulo.

A Landscape Vision Ayalon Park: Planning Concepts and Design Strategies. Tel Aviv: The Beracha Foundation.

All Under Heaven. Paris: Fondation Guy & Myriam Ullens.

Fondation Cartier pour l'art Contemporain. Paris: Fondation Cartier and Actes Sud.

Man, Eagle and Eye in the Sky. London: Albion/Michael Hue-Williams Fine Art Ltd.

Exposing Cinema. Rotterdam: International Film Festival Rotterdam.

Les 20 Ans du CIAC. 1984 - 2004. Montréal: Centre International d'Art Contemporain de Montral.

Light Cycle: Explosion Project for Central Park. New York: Asia Society and Creative Time.

Past in Reverse. San Diego: San Diego Museum of Art.

The Snow Show. Finland. Rovaniemi Art Museum.

2003   Alors, la Chine? Paris: Centre Pompidou.

For Your Pleasure. Berkeley: University of California, Berkeley Art Museum.

Happiness. Tokyo: Mori Art Museum.

Pulse: Art, Healing, and Transformation. Boston: Institute of Contemporary Art.

Somewhere Better Than This Place. Cincinnati: Contemporary Arts Center.

2002   An Arbitrary History. Lyon: Musee d'art Contemporain de Lyon

Apparition the Action of Appearing. London: Arnolfini

Cai Guo-Qiang. Trento: Galleria Civica di Arte Contemporanea Trento

Cai Guo-Qiang. Shanghai: Shanghai Art Museum.

Cai Guo-Qiang: Day Dreaming. Shanghai: Yishushihie Magazine.

Cai Guo-Qiang's CHADO Pavilion: Homage to Tenshin Okakura. Kanagawa: The Hakone Open - Air Museum

Dentsu Artwork Project. Tokyo: Committee of the Board/Division for New Head Office Planning and Development, DENTSU INC.

EV+A 2002 - Heroes + Holies. Limerick: Limerick City Gallery of Art.

Kunstwegen. Nordhorn: Stadtische Galerie Nordhorn.

La Biennale de Montreal 2002. Montreal: Contre international d'art contemporain de Montreal.

Malerei Ohne Malerei. Leipzig: Museum für bildende Künste.

Maksimov 1913 - 1993: A Master in Chinese Art History (Curated by Cai Guo-Qiang). Shanghai: Shanghai Art Museum.

Power of Art. Hyogo: Hyogo Prefectural Museum of Art.

Red Continent: China: Chinese Contemporary Art Exhibition. Gwangju: Gwangju Art Museum.

The Galleries Book. London: Royal Academy of Art.

Tokachi International Contemporary Art Exhibition: Demeter. Tokachi: Tokachi International Contemporary Art Exhibition Committee.

2001   Arte All Arte. Siena: Arte Continua Associazione Culturale.

Cai Guo-Qiang: Iwaki 99 Towers. Iwaki: Project 99 Operating Committee.

Christie's 20th Century Chinese Artists. Taipei: Christie's.

Developing the Collection: Acquisitions 1999 - 2001. Canberra: National Gallery of Australia.

Form Follows Fiction. Turín: Castello di Rivoli Museo d'Arte Contemporanea, Locus Focus. Arnhem: Stichting Sonsbeek 2001.

Necessity of Relationship. Trento: Galleria Civia di Arte Contemporanea.

The 19th Exhibition of Contemporary Japanese Sculpture 2001. Ube City: Exhibition of Contemporary Japanese Sculpture.

The First Velencia Biennial: Communication Between the Arts. Velencia: Generalitat Valenciana.

The Gift. Milan: Edizioni Charta and Palazzo delle Papesse Centro Arte Contemporanea.

Yokohama 2001. Yokohama: The Organizing Committee for Yokohama Triennale.

2000   Christie's 20th Century Chinese Artists. Taipei: Christie's.

Echigo Tsumari Art Triennial 2000. Niigata: Echigo-Tsumari Art Triennial Executive Committee.

The Hugo Boss Prize 2000. New York: Guggenheim Museum.

Issey Miyake Making Things. Tokyo: Museum of Contemporary Art, Tokyo.

Lustwarande/Pleasure-Garden. Breda: Fundament.

2000 Biennial Exhibition: Whitney Biennial. New York: The Whitney Museum of American Art.

Asia Collection 50: From the Collection of the Fukuoka Asian Art Museum. Fukuoka: Fukuoka Asian Art Museum

Cai Guo-Qiang. Paris: Fondation Cartier pour l'art Contemporain.

Looking for a Place, The Third International Biennial. Santa Fe: SITE Santa Fe.

Outbound: Passages from the 90's. Houston: Contemporary Arts Museum.

Over the Edges. Gent: SMAK.

The Quite in the Land. Bahia: Mueu de Arte Moderna da Bahia.

Remain in Naoshima. Naoshima: Naoshima Contemporary Art Museum.

Shanghai Biennial 2000. Shanghai: Shanghai Art Museum.

Wall. Taipei: National Museum of History

1999   Aperto Over All. Venice: 48th Venice Biennial.

Cities on the Move 4. Louisiana Museum of Modern Art. Statements and Catalogue. Louisiana Klubben. 83, January.

Hiriya in the Museum: Artists' and Architects' Proposals for Rehabilitation of the Site. Tel Aviv: Tel Aviv Museum of Art.

I Am the Y2K Bug. Vienna: Kunsthalle Wien.

Kunstwelten im Dialog. Cologne: Museum Ludwig Koln.

No Destruction, No Construction: Bombing Taiwan Museum of Art. with brochure and CD - ROM. Taichung: Taiwan Museum of Art.

Zeitwenden. Bonn: Kunstmuseum Bonn.

1998   Cai Guo-Qiang: Day Dreaming. Taipei: Eslite Gallery.

Cai Guo-Qiang: Making Oil Paint Drawings in Rome. Rome: Academie de France a Rome.

Global Vision: New Art from the 90's Part II. Athens: Deste Foundation.

Inside Out: New Chinese Art. San Francisco Museum of Modern Art and Asia Society Galleries, New York.

Issey Miyake Making Things. Paris: Fondation Cartier pour l'art contemporain.

La Collection de la Fondation Cartier pour l'art contemporain. Paris: Actes Sud and Fondation Cartier pour l'art contemporain.

Louisiana at 40: The Collection Today. Louisiana Revy, Special Issue vol. 38 No. 3. Humlebaek, Denmark: Louisiana Museum of Modern Art.

Naoshima's Comissioned Works: Cultural Melting Bath: Project for Naoshima. Naoshima News, Autumn 1998.

Site of Desire: 1998 Taipei Biennial. Taipei: Taipei Fine Arts Museum.

1997   Cai Guo-Qiang: Cultural Melting Bath: Projects for the 20th Century. New York: Queens Museum of Art.

Cai Guo-Qiang: Flying Dragon in the Heavens. Humlebaek, Denmark: Louisiana Museum of Modern Art.

Cities on the Move. Vienna: Secession.

Future Present Past. Venice: 47th Venice Biennial.

Heart of Darkness. Catalogue for the 1994 Exhibition. Otterlo: Kroller Muller Museum of Contemporary Art.

In Between Limits. Seoul: Sonje Museum of Contemporary Art.

On Life, Beauty, Translations, and Other Difficulties. Istanbul: 5th International Istanbul Biennial.

Promenade in Asia II. Tokyo: Shiseido Gallery.

Performance anxiety. With CD. Chicago: Museum of Contemporary Art.

Wounds: Between Democracy and Redemption in Contemporary Art. Stockholm: Modern Museum Stockholm.

1996   Between Earth and the Heavens: Aspects of Contemporary Japanese Art II. Nagoya: Nagoya City Art Museum.

De rode poort (the Red Gate). Ghent, Belgium: Museum van Hedendaagse Kunst.

The Hugo Boss Prize: 1996. New York: Guggenheim Museum.

Interzones: A Work in Congress. Copenhagen: Kunstforeningen, Upssala: Upssala Konstmuseum, Slottet.

The National and International Studio Artists Program 1995 - 6. New York: The Institute for Contemporary Art, P. S. 1 Musuem.

Origin and Myths of Fire: New Art from Japan, China, and Korea. The Museum of Modern Art, Saitama.

The Second Asia-Pacific Triennial of Contemporary Art. Brisbane: Queensland Art Gallery

Universalis: 23rd International Biennial São Paulo. São Paulo: São Paulo Biennial Foundation.

1995   The 1st Johannesburg Biennial. Johannesburg: Johannesburg Biennial.

Art In Japan Today: 1985 - 95. Tokyo: Museum of Contemporary Art.

Asiana: Contemporary Art from the Far East. Venice: Fondazione Mudima.

Contemplation: 95 Joong - ang Biennial Special exhibition. Seoul: Ho - Am Art Museum.

Transculture: 46th Venice Biennial. Tokyo: The Japan Foundation and Fukutake Science and Culture Foundation.

1994   Asian Art Now / Creativity in Asian Art Now. Hiroshima: Hiroshima City Museum of Contemporary Art.

Cai Guo-Qiang: From the Pan - Pacific. Iwaki: Iwaki City Art Museum.

Cai Guo-Qiang: Chaos. Tokyo: Setagaya Art Museum.

Calendar of Life. Nagoya: Gallery APA.

Changshen / Fangshen. Catalogue Supplement. Mito: Art Tower Mito.

Concerning Flame. Tokyo: Tokyo Gallery.

Forum Feng Shui. Art Tower Mito Contemporary Art Gallery Document, no.22. Symposium proceedings.

Mito Annual 94: Open System. Mito: Art Tower Mito.

Promenade in Asia. Tokyo: Shiseido Gallery.

Universal Design: Fengshui Project for Mito City. Project prospectus. Mito: Mito Chamber of Commerce and Art Tower Mito.

Well Spring: Messages and Revelations by Contemporary Artists to Animate the Ancient City of Bath. Bath: Bath Festivals Trust.

1993   Cai Guo-Qiang: The Dragon Meridian. Tokyo: P3 art and environment.

Projects for Extraterrestrials No. 14: Horizon: From the Pan Pacific. Project Prospectus. Iwaki.

Silent Energy. Oxford: Museum of Modern Art.

1992   Encountering the Others. Kassel: Projectgruppe Stoffwechsel.

Cai Guo - Qiang: His Work and Thought. A. T. E. Workshop Report, No. 3. Tokyo: NEC and P3 Art and environment.

Das Kunswerk in Zeitwalter seiner Telekommunizierbarkeit. Vienna: Das St/ Veiter FaxArt - Project .

Japan Ushimado International Art Festival. Catalogue for the 7th-8th Festivals. Japan Ushimado Kokusai Geijutsu-sai Jimukyoku.

Looking for Tree of Life: Journey to the Asian Contemporary Art. Saitama: The Museum of Modern Art.

Topos, Ethos. Kawasaki: IBM Kawasaki City Gallery.

1991   Cai Guo - Qiang: Primeval Fireball: The Project for Projects. Tokyo: P3 Art and environment.

Cross Currents: Bookworks from the Edge of the Pacific. Glendale, California: Umbrella Associates.

Waves of Asia. Tokyo: Tokyo Gallery.

1990   Art Chinoise 1990: Chine Demain pour hier. Aix - en - province, France: Les Domaines de l´Art.

Cai Guo - Qiang: Works 1988 / 89. Osaka: Osaka Contemporary Art Center.

1989   89 Tama River Fussa Art Exhibition. Tokyo: Tama River Fussa Art Exhibition.

1985   Min Hu qingnian xiandai meishu zhan (Shanghai / Fujian youth modern art exhibition). Fujian Province: Fuzhou City Museum.

B. 蔡國強的著作（Books by the Artist）

Gunpowder Paintings of Cai Guo-Qiang. Guilin:Liang Publishing House 1989.

Project for Extraterrestrial No. 10, Project to Add 10,000 Meters to the Great Wall of China. Tokyo: Peyotoru Kobo, 1994.

Project for Extraterrestrials No. 9, Fetus Movement II. Osaka: Nomart Editions 1992.

C. 蔡國強發表的文章（Articles by the Artist）

"Light as an Important Method in Revealing Artistic Concepts." *Meishu Shilun (Art History and Theory)* (Beijing), Spring 1986: 94 - 104.

"Officers and Soldiers Alike Watching the Battle Field." *China News Weekly* (Beijing) 18 Nov. 2000: 10-11.

"On Thought and Action." *Contemporary Art Symposium 1994: The Potential of Asian Thought.* Tokyo: The Japan Foundation, 1994: 94-95, 127-129.

"Some Thoughts on Asia." *Chi No Shio* (Kobe), 1 June 1992: 8-9.

"What Does Cai Guo - Qiang Say?" *Wenyi Bao* (Beijing) 20 July 2000: 1.

"Words at Random." *Tendency* (Boston) No. 13 2000: cover, 354 - 361.

"Young Art of Asia: Concepts for the Liutsuang International Art Exhibition." *ARTnews* (New York), Dec. 1989: 110 - 114.

"Young Art In Japan: Thoughts on Japan Ushimado International Art Festival." *Artist* (Taipei), Dec. 1989: 110.

"Confessions on Collecting Maksimov." *Avant-Garde Today* (Tienjin) no.10, 2002: 181 - 187.

Cai, Guo - Qiang, Kamata Toji, and Takamata Hitoshi. "What is Feng Shui? Environmental Theory that Joins Heaven, Earth and Human." *Front* (Tokyo), 7 Feb. 1994: 4 - 5, 9 - 17.

Cai, Guo - Qiang and Kobayashi Kenji. "Deeper, Larger and Further." *Bijutsu Techo* (Tokyo), Jan. 1992: 12 - 19.

Cai, Guo - Qiang and Takami Akihiko. "From Beijing." *Bijutsu Techo* (Tokyo), May 1989: 130 - 132.

Cai, Guo - Qiang and You Jindong. "Painting with Gunpowder." *Leonardo* (San Francisco) No. 3, 1998: 251 - 254.

Editor. "Talking with the Artist, No. 1." *Lively Art: Asian Contemporary Art, Report* No. 1. Bijutsu Nenkansha (Tokyo), 1994: 47 - 55.

Interview by Dematté, Monica. "The Art of Catching the Void." *Work* (Trento) No. 3, 2002: 14-15

Interview by Gu, Cheng Feng. "Don't Overestimate Ourselves." *Jiang Su Art Monthly* (Nanjing) Apr. 2002: 44 - 46.

Interview by Jiang, Mei. "I Always Jump In Between East and West, Globalization and Localization." *Artist* (Taipei) Apr. 2002.

Interview by Jiang, Mei. "Interview with Cai Guo-Qiang." *Shanghai Art Museum Fellowship* (Shanghai) Feb. 2002.

Interview by Lo, Ron. "A Repeated Artistic Process" *Design Trend* (Shanghai) No. 5 / 6, 2001: 120 - 126.

Interview by Busch, Bernd. "Auf der Suche nach der Ewigkeit im Ephemeren." *Feuer*, 2000: 586 - 600.

Interview by Editor. "Cultural Infusion Project for the New Century." *Bijutsu Techo* (Tokyo) Jan. 2001: 68 - 73.

Interview by Fang, Zhenning. "High Tech Operating Shanghai APEC Cityscape Fireworks." *Artist* (Taipei) Nov. 2001: 469 - 471.

Interview by Gao, Minglu. "Residue of Gunpowder Explosions." *Dushu* (Beijing) Sep. 1999: 87 - 93.

Interview by Han, Dora. "Cai Guo-Qiang on 'Performance' in Art." *Dialogue architecture+ design+ culture* (Taipei) Sep. 1998: 126 - 133.

Interview by Jolles, Claudia. "Kunstler sind wie Kung-Fu-Kampfer." *Kunstbulletin* (Stafa) Apr. 1997: 12 - 17.

Interview by Kono, Yuichi. "Cai Guo-Qiang: the Palette of Light that Shoots Across the Sky." *UR* (Tokyo) Mar. 1993: 5 - 48.

Interview by Jérôme, Sans. "Het vuur aan de lont" *Kunst Nu* (Gent) Feb. / Mar., 2003: 5 - 13.

Interview by Serizawa, Takashi. "A Meridian Running Beyond Borders." *Bijutsu Techo*, June 1993: 121 - 128.

Interview by Xu, Pan. "Cai Guo - Qiang: Art Can Be Reckless." *China News Weekly* (Beijing) 2 Dec. 2000: 16 - 19.

Text. *Masato Kobayashi: A Son of Painting* [catalogue published by Stedelijk Museum voor Actuele Kunst Gent] (Gent) 2001: 49.

D. 專文介紹蔡國強的各國出版品（Books about the Artist）

Anderson, Perry. *The Origins of Postmodernity.* London: Verso, 1998. Cover.

Ando Tadao Architecture Firm. *Tadao Ando Museum Guide.* Tokyo: Bijutsu Shuppan-Sha, 2001. pp. 21.

Building the Collection. Port Melbourne: National Gallery of Australia, 2003, pp. 374.

Charbonneaux, Anne - Marie and Norbert Hillaire. *Œuvre et Lieu.* Paris: Flammarion, 2002. pp. 32 - 34, 228.

China Avant - Garde. Berlin: Haus der Kulturen der Welt, 1993. pp. 61.

Clark, John, ed. *Chinese Art at the End of the Millennium.* Hong Kong: New Art Media, 2000. pp. 182 - 189.

Editor. *Annual of Chinese Art 2003.* Taipei: Art & Collections, 2003. Cover, pp. 54 , 283.

Editor. *Art, Design, and the City: Roppongi Hills Public Art Project 1.* Mori Art Museum, 2004. pp. 66 - 69.

Editor. *Café in Mito.* Art Tower Mito, 2004. pp. 38 - 39.

Fei, Dawei. *Cai Guo - Qiang.* London: Thames & Hudson and Fondation Cartier pour l'art Contemporain, 2000.

Fineberg, Jonathan. *Art Since 1940: Strategies of Being*. New Jersey: Prentice Hall, 2000. pp. 485 - 486.

Flesche, Felix and Christian Burchard. *Water House*. Munich: Prestel, 2005.

Friis-Hansen, Dana. *Cai Guo-Qiang*. London: Phaidon, 2002.

Fuse, Hideto. *The Beginning Is Leonardo da Vinci: Dissecting the Fifty Artists* . Tokyo: X-Knowledge, 2005. pp. 231 - 237.

Gao, Chien Huei. *After Origin: Topic on Contemporary Chinese Art in New Age*. Taipei: Artist, 2004. pp. 310 - 319.

Gao, Minglu. *The Century' s Utopia: The Trends of Contemporary Chinese Avant-Garde Art*. Taipei: Artist, 2001. pp. 245 - 251.

Gentile, John S. and Karen Robinson. *Arts in Society: Theatre, Supplemental Textbook*. Dubuque: Kendall/Hunt, 2000. pp. 55 - 56.

Getlein, Mark. *Gilbert' s Living With Art. 6th Edition*. New York: McGraw Hill, 2002. p. 547, 549.

Goldberg, Roselee. *Performance Art since 1960*. New York: Abrams, 1998. p. 60.

Goldberg, Roselee. *Performances l' art en action*. Paris: Thames & Hudson, 1999. p. 60.

Honour, Hugh and John Fleming. *A World of Art*. London: Laurence King, 2002. p. 916.

Hou, Hanru. *On the Mid-Ground*. Hong Kong: Timezone 8, 2002. pp. 54 - 63, 64 - 73, 74 - 89, 92 - 101.

Kastner, Jeffrey and Wallis, Brian. *Land and Environmental Art*. London: Phaidon, 1998. pp. 132.

Kurabayashi. *Listening to Contemporary Art*. Tokyo: Skydoor, 1995. Chapter 7.

Lin, Hsing Yu. *History of One-Hundred-Year Chinese Oil Paintings: The Great Epic of Art in 20th Century*. Taipei: Artist, 2002. pp. 611 - 617.

Liu, Charles. *The Chinese Overseas Art Icons of 100 Years*. Taipei: Artist, 2000. pp. 204 ‐ 205.

Lu, Hong. *1979 - 1999 Conceptual Arts. 1st Edition*. Wuhan: Hubei Education, 2001. pp. 33.

Maki Yoichi. *Chinese Propaganda Art*. Tokyo: Iwanami Shoten, 2000. pp. 217, 219 - 223, 246.

Martinez, Rosa. *Landscape Art*. Ed. Paco Asenio. Barcelona: ARCO Editorial, 1995. pp. 234 ‐ 43.

McShine, Kynaston and Anne Umland. *To Be Looked At*. New York: The Museum of Modern Art, 2002. pp. 138

Obrist, Hans Ulrich, and Guy Tortosa. *Unbuilt Roads: 107 Unrealized Projects*. Ostfilder-Ruit, Germany: Verlag Gerd Hatje, 1997. pp. 14 - 15.

Oliveira, Nicolas De, Nicola Oxley, and Michael Petry. *Installation Art in the New Millennium*. London: Thames & Hudson, 2003. pp. 110.

Preble, Duane, Sarah Preble and Patrick Frank. *Artforms*. 6th Edition. New York: Longman. pp 500 - 1.

Preble, Duane, Sarah Preble and Patrick Frank. *Artforms*. 7th Edition. New York: Longman, 1999. pp. 207.

Sans, Jerome and Marc Sanchez. *What is the Artist' s Role Today*? Paris: Palais de Tokyo, 2001. pp. 98.

Serizawa, Takashi. *Moving Freely on this Planet*. Tokyo: Iwanami Shoten, 1996. Chapters on "Jiayuguan" and "Quanzhou."

Stringa, Nico. *Terrecotte Cinesi- dalla 48th Biennale di Venezia*. Vicenza: Antiga Edizioni, 2003.

Tanigawa, Mami. *Public Art: Japan + Practice*. Shanghai: IS, 2003. p. 78.

Zhang, Qing. *Cai Guo-Qiang* . Shanghai: Shanghai Fine Arts, 2002.

E. 各國媒體報導文章 （Articles about the Artist and Exhibitions）

2005   Carrier, David. "Reviews: Cai Guo-Qiang: MASS MoCA." *Art Forum* (USA) February 2005:116 - 117.

Chen, Li Shu. "Cai Guo-Qiang Donate US$10,000 for Next Year' s Children' s Exhibition." Kinmen Government News (Taiwan) Jan. 24, 2005.

Editor. "Cai Guo-Qiang: Traveler." *Sculpture* (USA) January / February 2005: 12.

Editor. "Exploding Antique Currency, Auctioning on Shopping Network: Cai Guo-Qiang Transforming Exploding Currency into Art-Making." *World Journal* (USA) Mar. 20, 2005: B5.

Editor. "2004 Voted Top Ten Taiwan Art News." *Artist* (Taiwan) January 2005: 162 - 165, 180, 183, 189 - 190.

Editor. "Cai Guo-Qiang' s large-scale solo-exhibition at MASS MoCA Reflecting World' s Insecurity." *Artist* (Taiwan) January, 2005: 148.

Glueck, Grace. "The Cars Aren' t Really Exploding, but the Terrorist Metaphor Is." *The New York Times* (USA) Feb. 18, 2005: E33, E39.

Ho, Heather. "Cai Guo-Qiang: from 'Unlucky Year' to MASS MoCA 'Inopportune.'" *CANS* (Taiwan) January 2005.

Huang, Bao Ping. "Tan Dun Visual Music Across the Borders." *Min Shen News* (Taiwan) Apr. 5, 2005.

Irirarte, María Elvira. "26th São Paulo Biennial: Free Territory." *Art Nexus* No. 55, Volume 3 (USA) 2005: 78 - 84.

Kahn, Howie. "They Can Take The Heat." *ARTNews* (USA) January 2005: 32.

Kendzulak, Susan. "Harald Szeemann' s Chinese (and Taiwanese) Legacy." *Pots* No. 353 (Taiwan) Apr. 1, 2005.

Kinetz, Erika. "Doing Business Close to the Edge." *International Herald Tribune* (USA) Feb. 5 - 6, 2005: 14.

Lee, Danni. "Tan Dun Playing Visually, Cai Guo-Qiang as the 'Green Leaf.'" *South China Morning Post* (China) Apr. 18, 2005.

Leffingwell, Edward. "The Extraterritorial Zone: The 26th São Paulo Bienal Featured an indoor sculpture garden and a curatorial concept of 'image smuggling' between cultures." *Art in America* (USA) February 2005: 48 - 55.

Overcash, Shawn. "Playing with Fire." *Unity: Celebrating Food, Art & Culture* (USA) May 2005: Cov, 3.

Qiu, Zhili. "Tan Dun Vs. Cai Guo-Qiang: A Beginning of a Charismatic Art Era." *Youth Daily* (China, Internet) Apr. 17, 2005.

Querol, N ria. "Bunker Museum of Contemporary Art." *Exit Express* (Spain) December 2004/January 2005: 28 - 29.

Rose, Hilary. "Art in a Cold Climate." *London Times Magazine* (UK) Mar. 12, 2005: 3, 28 - 32.

Rosenthal, Norman. "Rising in the East." *Art + Auction* (USA) March 2005: 60, 62.

Vogel, Carol. "A Wider Scope in Venice." *The New York Times* (USA) Apr. 1, 2005.

Wang, Shen. "Tan Dun and Cai Guo-Qiang: Talking? Showing Off?" *Dushi Kuaibao* (China) Apr. 17, 2005.

Wu, Peng. "Tan Dun, Cai Guo-Qiang Wu Shang Debate." *Jie Fung Daily* (China) Apr. 17, 2005.

Yang, Andrew. "The Art of War." *Metropolis* (USA) April 2005: 29 - 30.

Yu, Shan Shan. "Cutting into the "Inopportune" of Our Times." *ARTCO* (Taiwan) February 2005: 132 - 134.

2004   Aarsaether, Paal. "Frozen Today, Gone Tomorrow: Cool Artists Sculpt Ice in Finnish Lapland." *Sarawak Tribune* (Malaysia) Mar. 1, 2004.

Amado, Guy. "O papel do Artista nas Mostras Internacionais." *Bien Art* (Brazil) December 2004: 18 - 21.

AP. "Cai Guo-Qiang Gunpowder Explosion: Making Drawing for Washington DC." *World Journal* (USA) Oct. 29, 2004.

Beaud, Marie-Claude. "Su-Mei-Tse: The Sounds of Her Music. *Art Press* (France) November 2004: 38 - 41.

Berwick, Carly. "Playing with Fire: Some of Cai Guo-Qiang's Pieces are Choreographed Pyrotechnics, While Others are about the Ones that Failed." *ArtNews* (USA) November 2004: pp. 122 - 123.

Bonenti, Charles. "Violent Beauty: The Explosive Art of Cai Guo-Qiang." *The Berkshire Eagle* (USA) Dec. 10, 2004: Weekend: Cover, D1, D2.

Brittain-Catlin, Thomas. "The Iceman Cometh." *World of Interiors.* December 2004: 108 - 115.

Buckley, Chris. "Artists Bridge the Taiwan Strait With Paint and Bamboo." *The New York Times* (USA) Oct. 5, 2004: International.

Celant, Germano. "The Snow Show." *Lotus International* (Italy) November, 2004: Cover, 84 - 93.

CHAI Editorial Department. "Cai Guo-Qiang." *CHAI* (Japan) February 2004: 82 - 90.

Dawson, Jessica. "Cai Guo-Qiang's Ship has come in at Sackler." *The Washington Post* (USA) Nov. 14, 2004: N08.

Dawson, Julia. "The Snow Show." *The Architectural Review* (UK) April, 2004: 22 - 23.

Dean, Jason. "Bridging the Divided With Art." *The Asian Wall Street Journal* (Asia) Sep. 13, 2004: A2.

-- -- -- --. "Art show Bridges Chinese Divide on Taiwan Strait." *The Wall Street Journal* (USA) Sep. 15, 2004.

DeFerrari, Gabriella. "Finnish Follies." *Travel & Leisure.* (USA). Feb 2004: 54.

Editor. "Art Fills Disused Shelters." *The Guardian* (UK) Sep. 14, 2004: 60P.

Editor. "Art Replaces War." *Res Alert* (Internet) August 6, 2004.

Editor. "Art Replaces War in Cai Guo-Qiang's Bunker Museum of Contemporary Art." *Arts4All Newsletter* (Internet) September 2004.

Editor. "Cai Guo-Qiang's Exhibition at Smithsonian Institution." *Artist* (Taiwan) October 2004.

Editor. "Cold War Base to Become Bunker Museum." *Flash Art Online* (Internet) Aug. 3, 2004.

Editor. "Kinmen Bunker Museum Opens." *China Post.* (Taiwan).

Editor. "Kinmen Bunker Museum: Using Art to Cool Down War." *World Journal* (USA) Sep. 11, 2004: B4.

Editor. "How Kites Became Art in the Desert Skies." *The Daily Telegraph* (London) Feb. 14, 2004.

Editor. *Sotheby's : Chinese Contemporary Art* (Hong Kong) October 31, 2004: 72 - 73.

Editor. "Taiwan." *The Art Newspaper* (USA) September 2004.

Editor. "The Snow Show." *Sculpture.* Vol.23, No.2 (USA) Mar. 2004.

Editor. "Painting Chinese Landscape Painting in the Sky." *La Vie* (Taiwan) November, 2004: 33.

Editor. "News Brief." *Public Art Review* (USA) Fall / Winter, 2004: 52.

Editor. "Explosion / Art." *PIA Mook* (Japan) December 10, 2004: 84.

Editor. "A arte Chinesa do bunker ao estrelato: Cai Guo-Qiang." *Bien Art,* (Brazil) November, 2004: 34.

Editor. "Inopportune: Cai Guo-Qiang Opening Miracles in Massachusetts." *United Daily* (Taiwan) Dec. 12, 2004.

Editor. "Cai Guo-Qiang Opens New Works in MASS MoCA." *iBershires.com* (Internet) Dec. 1, 2004.

Editor. "Cai Guo-Qiang: Inopportune." *Asia Art Archive* (Internet) Dec. 11, 2004.

Editor. "Cai Guo-Qiang: Inopportune." *AbsoluteArts.com* (Internet) December, 2004.

Editor. "Cai Guo-Qiang: Inopportune at MASS MoCA." *NonstarvingArtists.com* (Internet) Dec. 13, 2004.

Editor. "Inopportune." *Metroland* (Internet) December, 2004.

Editor. "Mass MoCA Presents Inopportune by Cai Guo-Qiang." *ArtDaily.com* (Internet) Dec. 14, 2004.

Editor. "Cai Guo-Qiang's Bon Voyage Pierced with Weapons, Reflecting Today's Society's Fear of Terrorism." *mw.cn* (Internet) Oct. 22, 2004.

Editor. "Cars Tumble in Dramatic MoCA Exhibition." *Berkshires Week* (USA) Dec. 9, 2004: C1,C3.

Editor. "Itinerary: Kinmen Island: Bunker Museum of Contemporary Art." *Sculpture* (USA) December, 2004: 14.

Editor. "News and Around: Cai Guo-Qiang." *Tema Celeste* (USA) November-December, 2004: 121.

Editor. "Best of 2004: Memorable Moments." *The Washington Post* (USA) Dec. 31, 2004: 30 - 31.

Emery, Alonzo. "Bunker Mentality." *South China Morning Post* (China) October 24, 2004: 7.

Ferreira, Juca. "Arte para Todos." *Bien Art* (Brazil) December 2004: 61 - 62.

Frazier, David. "Kinmen's Bunker Museum: The Bogglng Union of 1.4M Bombs, 2000 Bunkers, and the World's Art Elite." *Pots Extra* (Taiwan) 9 / 17 - 26, 2004.

-- -- -- --. "Make Art, Not War." *Far Eastern Economic Review* (Hong Kong) Oct. 14, 2004: 61.

Gao, Minglu. "Cai Guo-Qiang." *Christie's 20th Century Chinese Art & Asian Contemporary Art* (Hong Kong) Oct. 31, 2004: 128 - 130.

Gluck, Caroline. "Swords into Art on Taiwan." *International Herald Tribune* (USA) Sep. 15, 2004: Art.

Goodbody, Bridget. "The Peace Process." *ArtReview* (UK) November, 2004: 10, 90, 91, 104 - 107.

Grater, Abigail. "White Wedding." *Art+Architecture* (UK) May / June 2004: 112 - 113.

Greenberg, Sarah. "Bunker Museum of Contemporary Art." *Royal Academy* (UK) Autumn, 2004: 29.

Gurewisch, Matthew. "An Art Show That Will Leave You Cold." *The Wall Street Journal* (USA) Feb. 18, 2004.

Hannon, Gerald. "Snow Job Frisson Garantis?" *En Route* (Canada) Jan. 2004: 56-58.

Ho, Cathy Lang. "Ice House" *Architecture* (USA) April 2004: 28.

Hontebeyrie, Isabelle. "Bunkers Become Museums." *Miss-Information* (Internet) Sep. 15, 2004.

Hsieh, Chao Zung. "Cai Guo-Qiang: Inopportune Solo Exhibition Opening at Mass MoCA." *World Journal* (USA) Dec. 17, 2004.

Hsueh, Hungfu. "Exhibit Addresses Issues of Peace, War." *Taiwan News* (Taiwan) Sep. 15, 2004.

-- -- -- --. "Kinmen Bunkers Turned into Museum." *Taiwan News* (Taiwan) Sep. 12, 2004: 2.

-- -- -- --. "Kinmen Art Exhibition Sparks Local Backlash." *Taiwan News* (USA) Sep. 16, 2004.

Huebner, Jeff. "In Cold Snow." *Public Art Review* (USA) Fall / Winter, 2004: 17 - 19.

Itoi, Kay. "Art Among the Armor." *Newsweek International* (USA) Aug. 30, 2004: 7.

-- -- -- --. "Art Among the Bunkers." *Newsweek* (Japan) Oct. 16, 2004: 70.

-- -- -- --. "Report from Taiwan." *Artnet* (Internet) Oct. 1, 2004.

Kendzulak, Susan. "Curating 101." *Pots* (Taiwan) Sep. 10 - 19, 2004: 20.

-- -- -- --. "Kinmen Bunker Museum Ready for an Art Blast." *Taipei Times* (Taiwan) Aug. 8, 2004: Art 19.

-- -- -- --. "Make Art, Not War." *Taipei Times* (Taiwan) Sep. 19, 2004.

-- -- -- --. "Taiwan Strait: Bunker Museum." *Flash Art* (USA) October, 2004: 54.

-- -- -- --. "Bunker Museum." *Flash Art* (USA) November - December, 2004: 43.

-- -- -- --. "Bombs Away! Cai Guo-Qiang's Bunker Museum of Contemporary Art." *Yishu*. December 2004: cover, 44 - 51.

Knight, Christopher. "In an uneven Survey of New East Asian Art, What Stands Out is the Full-Throttle Transformation of China." *Los Angeles Time* (USA) Dec.12, 2004.

Lee, Si Hsien. "Why Go To Kinmen to See BMoCA?" *ARTCO* (Taiwan) December, 2004: Cover, 111 - 113.

Lloyd, Ann Wilson. "'Scuse Me While I Paint the Sky." *The New York Times* (USA) Oct. 24, 2004: AR4.

-- -- -- --. "Art That Goes Boom." *Smithsonian Magazine* (USA) November, 2004: 6, 112 - 116.

Loh, Ying. "Cai Guo-Qiang: Inopportune Opens." *Sing Tao Daily* (USA) Dec. 12, 2004: B2.

Lu, Ella. "SCOPE: Battlefield Kinmen Reborn as Bunker Art Museum." *Kyodo News on the Web* (Internet) Sep. 21, 2004.

MacLeod, Helen. "Treasure Island: Subtracting the Art from Artillery on Taiwan's Remote, Wounded Outcrop." *The New York Sun* (USA) October 1-3, 2004: Weekend Edition.

Marcout, Laurence. "Le Bunker, apres le Bombes." *Taiwan au Jourd'hui* (Taiwan) October, 2004: 44 - 47.

McGuirk, Justin. "Marble Dust Crunches Underfoot, Frost in Forming." April 2004.

Milar, Bruce and Tom Dyckhoff. "In a Winter Wonderland." *London Times* (UK) Feb. 10, 2004.

Monachesi, Juliana. "A Arte Chinesa Do Bunker Ao Estrelato." *Bien Art* (Brazil) November 2004:34 - 35.

Moreira, Marta. "La Polvora como Vanguardia Artistica." *ABC* (Spain) July, 4th, 2004: 56 - 58.

Nichols, Matthew Guy. "Cai Guo - Qiang at Central Park and the Asia Society: New York." *Art in America* (USA) January, 2004: 96.

O'Toole, Shane. "Art Meets Architecture in the Arctic." *Architecture* (Ireland) Jan. 2004: 47 - 49.

Pastorek, Norman J. "Toward a Global Beauty: The Art of Cai Guo-Qiang." *Archives of Facial Plastic Surgery* Vol. 6. (USA) May - June, 2004: 149, 216.

Riding, Alan. "The White Stuff." *The New York Times* (USA) Feb 29, 2004.

-- -- -- -- --. "A Frozen Landscape of Mysterious Designs." *The International Herald Tribune* (USA) Mar. 2, 2004.

Rossi, Gregory. "A Crazy Idea Finally Has Its Day, and Artists and Architects Get to Play." *Interview* (USA) Mar. 2004: 98.

Roux, Caroline. "Take to the Extreme." *The Guardian* (UK) Feb. 28, 2004.

Rubinstein, Dan. "American Architects Glow in Finland." *House & Garden* (USA) Jan. 2004: 94 - 95.

Ruutinrannanpui, Kemi. "The Snow Show." *Frieze* (London) May 2004: 100 - 101.

Sicha, Choire. "Art in Another Village." *The New York Times* (New York) Sunday, Dec. 12, 2004: AR46.

Sun, Ling. "Playing between East and West." *China Business News* (China) Dec. 28, 2004: Cover, C3.

Tan, Eugene. "Taipei." *Contemporary* (UK) August 2004: 24 - 25.

-- -- -- --. "Review: Kinmen: Bunker Museum of Contemporary Art." *Contemporary* (UK) November 2004: 61 - 62.

Thompson, Henrietta. "Northern Explosure: Cold Play." *Blue Print* (UK) Feb. 2004: 8, 54 - 59.

Turner, Sarah. "Hot Happenings in a Cold Climate." *London Times* (UK) Feb. 21, 2004.

Young, Rob. "Ice Gems." *The Guardian* (UK) Feb. 12, 2004.

Wilson, Rebecca. "Power 100." *ArtReview* (UK) November, 2004: 15, 90.

Wu, Hong. "Introduction to Cai Guo-Qiang Rent Solo-Exhibition and Art Activity." *TOM.COM* (Internet) Dec. 21, 2004.

Wu, Yiching. "New Generation of Chinese Artists Accomplishment Win American Art World's Applause." *The International Chinese Newsweekly* (Hong Kong) Oct. 31, 2004: 32.

Wu, Tiffany. "Taiwan, China Artists Bridge Political Divide." *The Daily Yomiuri* (Japan) Sep. 16, 2004: A.

Yang, Grace. "Bunkers Now a Museum for All." *The China Post* (Taiwan) Sep. 14, 2004: 10.

2003   Bauret, Gabriel. "Catastrophes en cascade." *Art Aujourd' hui* (Paris) Feb. 7, 2002.

Blume, Mary. "Gunpowder and Art: Explosive Beauty." *International Herald Tribune* (Paris) Jan. 18 - 19, 2003: 18.

Bynorth, John. "Blink and You'll Miss the Fireworks." *Evening Standard* (London) Jan. 20, 2003: 23.

"Cai Guo - Qiang." *Asian Art.* Oct 2003: 2.

"Cai Guo - Qiang." *Bieno vol.22.* Sep - Oct, 2003: cover.

Chao, Hui-lin. "Old Chinese Dragon Kiln Transformed into a Japanese Art Museum." *United Daily* (Taipei) Jul. 22, 2003.

Chiu, Melissa. "An Architecture of the Senses." *Montien Boonma-Temple of the Mind* (New York) 2003: 43.

Chiaramonte, Perry. "Fizzlework: Rain mars 'fire ring' at Central Park." *New York Post.* Sept 16, 2003.

Chou, Dong Hsiao. "Amazement in the September Sky of New York." *Artist Magazine* (Taipei) Aug. 2003: 102 - 105.

Cotter, Holland. "Small Shows, Big Ideas: Summer." *New York Times* (New York) Aug. 15, 2003: E27, 29.

-- -- -- --. "Public Art Both Violent and Gorgeous." *New York Times* (New York) Sep. 14, 2003.

Editor. "Cai Guo - Qiang-Repair Sky." *Chinese Oil Paintings and Sculptures* (Beijing) Jul.12, 2003: 36.

Editor. "Cai Guo - Qiang-Free Captive Animals." *Chinese Oil Paintings and Sculptures* (Beijing) Jul.12, 2003: 37

Editor. "I Remember Venice." *ArtReview* (London) Jun. 2003: 48 - 49.

Elliot, David. *A Survival Guide for Art and Life.* Jun 26, 2003: 182.

Ho, Heather "Cai Guo - Qiang's Fiddled Art and Amusing Life." *Chinese Art.* Vol.4 No. 33 (Beijing) 2003: 14 - 27.

-- -- -- --. "From Tokyo Gallery to Beijing Tokyo Art Projects." *Cans Art News* (Taipei) Jan. / Feb. 2003: 16 - 19.

Hove, Jan Van. "Het Lam Gods op de roetsjbaan." *De Standaard* (Groot-Bijgaarden) Mar. 28, 2003: 13.

Huang, Guan Nan. "Ancient Chinese Dragon Cave Transforms Japanese Museum." *United Daily* (Taipei) Jul. 22, 2003: B6.

Hyman, James. "Up In Smoke." *Art Review* (London) Apr., 2003: 62 - 63.

Kennedy, Maev. "Setting Alight the Art World: Pyrotechnics at Tate Modern." *The Guardian* (London) Jan. 27, 2003: 9.

Kang, Li-wen. "Prime Minister Expresses Support to Kinmen Bunker Project." *Liberty Times* (Taipei) Jan. 23, 2003.

-- -- -- --. "Cai Guo - Qiang Explodes England, Ye Gong Hao Long." *Liberty Times* (Taipei) Jan. 23, 2003.

Kelley, Tina. "Central Park Fireworks Scare Some Neighbors." *The New York Times.* Sep 16, 2003.

Klaeui, Andreas. "Von der Katastrophe als der anderen Seite des Fortschritts." *Das Feuilleton* Jan. 7, 2003: 33.

Laubadere, Bruno. "événement." *Architectural Digest* (Paris) Feb. 2003: 142.

Lee, Wei Jing. "Chinese Dragon Flies Across London on New Year's Eve." *China Times* (Taipei) Jan. 23, 2003.

-- -- -- --. "Cai Guo - Qiang's Giant Dragon Explosion Restaging in September." *China Times* (Taipei) Feb. 8, 2003: 14.

Lin, Lucas. "Central Park Turns 150!" *World Journals* (New York) Apr. 30, 2003: C13.

Lloyd, Ann Wilson. "The Art That's Living in the House Hadid Built." *New York Times* (New York) Jun. 8, 2003: 29.

Mirapaul, Matthew. "At Central Park's Coronation, 11,000 Chips-in-Waiting." *The New York Times.* Sep 11, 2003: G3.

Morel, Philippe - Marie. "Ce Qui Arrive." *Art Press* (Paris) Feb. 2003.

Morozzi, Cristina. "Paul Virilio." *Interni* (Milano) Jan. / Feb. 2003: 136 - 139.

Nuland, Sherwin B. "Artist, Heal Thyself (and then Everybody Else)." *New York Times* (New York) Jul. 6, 2003: 25.

Pearson, Helen. "Hi-tech Halo to Mark Central Park's Birthday." *Nature.com* Jul.21, 2003.

Pollack, Barbara. "Cai's Rendering of Light Cycle." *Voice* (New York) 9 / 10 - 16, 2003: C97.

Poshyananda, Apinan. "Cai Guo - Qiang." *Art AsiaPacific* (St. Leonards) 2003: 76.

Putnam, James. "The Way of the Dragon." *Contemporary* (London) 2003: 44 - 47.

Sander, Mark. "Another Explosive Artist." *Another Magazine* (London) Nov. 4, 2003: 126.

Tanabe, Chikako. "Igniting the Sky." *Kateigaho International Edition* (Tokyo) Inaugural issue: 182.

Tomkins, Calvin. "Light Show-Rocket's Red Glare." *New Yorker* (New York) Sep. 15, 2003: 40.

Vanderbilt, Tom. "Playing with Fireworks: The Art of Cai Guo - Qiang." *The Wall Street Journal* (New York) Sep. 11, 2003.

Vogel, Carol. "Inside Art." *New York Times* (New York) Jun. 27, 2003: 26.

Wittocx, Eva. "Cai Guo - Qiang 'Zomaar een verhaal.'" *Kunst Nu* (Gent) Feb. / Mar., 2003: 2 - 5.

Wu, Shi-hong. "Major Contemporary Art Exhibitions in London 2003." *Cans Art News* (Taipei) Jan. / Feb. 2003: 89.

Yang. Nian His. "Cai Guo - Qiang Ignites to Build a Pagoda for Paris." *United Daily* (Taipei) Jul. 1, 2003: B6.

Yu, Hsiao Hui. "Alors, le Chine?" *Art Today* (Taipei) Aug. 2003: 68 - 73.

2002   B., M. G. "Image Conscious." *Metroland*. 18 Aug. 2002.

Banner, Mae G. "Jacob's Pillow Honored for Dance Contributions." *The Saratogian* (Saratoga), 18 Aug. 2002.

Bartelik, Marek. "Cai Guo - Qiang: Shanghai Art Museum." *Art Forum* (New York) Jun. 2002: 189.

Bohlen, Celestine. "The Modern Moves With a Bang (Several)." *The New York Times* (New York) Jun. 26, 2002:E1, 8.

Cai, Tang. "Cai Guo - Qiang Letting Fireworks Dance in the Sky." *Modern Arts* (Shanghai) Jan. 2002 .

Cavallucci, Fabio. "When Art Takes Part in Society." *Work* (Trento) No. 3, 2002: 11 - 13.

Cerlani, Giulla. "Per Accidente, non per caso." *Parigi* 22 Dec. 2002.

Cenci, Arianna. "Ho Fatto Crash." *La Repubblica delle Donne* (Milano) Nov. 2002: 59 - 62.

"Central Park 150 Anniversary Celebration." *Asia News*. 8 / 30-9 / 5, 2003: B2.

Chang, Lee Hao. "The First Auction of Hong Kong Christie's 20 Century Chinese Art." *Art & Collection* (Taipei) Apr. 2002:154 - 155.

Chang, Vinci. "Quiet Explosion." *Christie's Magazine* (New York) Mar. and Apr. 2002.

Chao, Hui-lin. "Kinmen County Magistrate: BMoCA Has to Be Realized." *Uxnited Daily News* (Taipei) 17 Jul. 2002:14.

-- -- -- --. "Jai Shan Tunnel Will Turn into a Time Tour Movie Theater." *United Daily News* (Taipei) 16 Jul. 2002:14.

-- -- -- --. "Cai Guo - Qiang Busts the Big Apple Terrorist Nightmare." *World Weekly* (New York) No.956 Jul. 2002:29.

-- -- -- --. "Cai Guo - Qiang and Huang Kwang Nan Work Their Way for BmoCA." *United Daily News* (Taipei) 9 May. 2002

-- -- -- --. "Rainbow Will Flow above Hudson River." *United Daily News* (Taipei) 30 Mar. 2002: 14.

-- -- -- --. "Cai Guo - Qiang Dreams of Turning Bunkers into Lover Hotels." *United Daily News* (Taipei) 30 Mar. 2002:14

-- -- -- --. "Cai Guo - Qiang Praises Kinmen's Beauty over Normandy." *United Daily News* (Taipei) 31 Mar. 2002:14.

Charlesworth, J. J. "London: Royal Academy of Arts." *Contemporary* (London) Nov. 2002: 81.

Chen, Hsi-lin. "Cai Guo - Qiang's Solo Show Takes Shanghai by Storm." *China Times* (Taipei) 19 Jan. 2002: 14.

Cheng, Da-hsing. "Tour Festival Will Separates from Art District." *Kinmen Daily News* (Kinmen) 31 Mar. 2002:1.

Cheng, Nai-ming. "Is the Dragon Really Back?" *Cans Chinese Art News* (Taipei) Mar. 2002: 96 - 97.

Chin, Ya-chuin. "Dragon Has Arrived!" *Art & Collection* (Taipei) Mar. 2002: 98 - 101.

-- -- -- --. "Rambling on about Cai's Artwork." *Art & Collection* (Taipei) Mar. 2002: 101.

-- -- -- --. "Interview with Chao Li: Running A Good Gallery Is the First Priority." *Art & Collection* (Taipei) Mar. 2002: 104 - 105.

-- -- -- --. "Why Are Taiwanese Collectors Partial to Cai Guo - Qiang?" *Art & Collection* (Taipei) Mar. 2002: 105.

Cotter, Holland. "Public Art Both Violent and Gorgeous." *The New York Times*. Sep 14, 2003: AR33.

Daverio, Laura. "Esplosioni d'autore." *Abitare* (Milano) Oct. 2002: 149, 150.

Editor. "Resuscitating a Tearoom." *Pacific Friend* (Tokyo) Aug. 2002: 17.

Editor. "Arte pirotecnica." *GDM arte* (website, Italy) 29 Aug. 2002.

Editor. "Cai Guo - Qiang, artista pirotecnico." *Flash Art* (Milano) No. 235, 2002: 50.

Editor. "Shows and Events: Cai Guo - Qiang." *Work - Art in Progress* (Trento) No. 2, 2002: 77.

Editor. "MoMAQNS Opens This Saturday." *Chinese World Journal* (New York) 27 Jun. 2002: C7.

Editor. "Cai Guo - Qiang's Solo Exhibit in Shanghai." *Renmin Ribao* (Beijing) 29 Jan. 2002: 12.

Editor. "Cai Guo - Qiang's Solo Exhibit in Shanghai." *Guangming Daily* (Beijing) 30 Jan. 2002: 2.

Fei, Dawei. "How to Write an Arbitrary History." *Art & Collection* (Taipei) Feb. 2002: 59 - 61.

Gibbons, Fiachra. "Tate Signs up Chinese Arts." *The Guardian* (London) Nov. 29, 2002.

Genone, Paola. "Derri re l'invention." *La Vie* (Paris) Dec. 5, 2002.

Gu, Mi Mi. "Installations, Novelty." *Jie Fang Daily* (Shanghai) 3 Feb. 2002.

Hafner, Hans - Jurgen. "Malerei ohne Malerei." *Kunsrforum* (Leipzig) Apr. - May 2002.

Hasegawa, Yuko. "Transcending the Time and Space, Roaring at the Universe." *Art & Collection* (Taipei) Feb. 2002: 46 - 52.

Hashimoto, Mari. "A Spiritual Resonance Summoned by Chado" *AERA* (Tokyo) 20 May 2002: 88

Heartncy, Eleanor. "Cai Guo - Qiang: Illuminating the New China." *Art in America* (New York) May 2002: Cover, 92 - 97.

Ho, Chun-huan. "Cai Guo - Qiang Is Ready to March towards London." *Cans Chinese Art News* (Taipci) Sep. 2002: 16.

-- -- -- --. "Cai Guo - Qiang's Solo Show at Shanghai Art Museum on February 1." *Cans Chinese Art News* (Taipei) Jan. 2002: 22.

-- -- -- --. "Cai Guo - Qiang's Rainbow Transient Explosion Project for MoMA Queens." *Cans Chinese Art News* (Taipei) May 2002, 16.

-- -- -- --. "Cai Guo - Qiang's Phaidon Monograph Stands Out in International Publication Market." *Cans Chinese Art News* (Taipei) May 2002, 16.

Huang, Bao-ping. "BMoCA Postponed." *Ming Sheng Daily* (Taipei) 17 Jul. 2002: A10.

-- -- -- --. "BMoCA Site Inspection Disappointing, Artists Eager for Answers." *Ming Sheng Daily* (Taipei) 16 Jul. 2002.

-- -- -- --. "BMoCA Is in Emerging Difficulties and in Need of Cai Guo - Qiang's Persuasion Proposal." *Ming Sheng Daily* (Taipei) 12 Jun. 2002: A10.

-- -- -- --. "Cai Guo - Qiang Will Add Charm to MoMAQNS." *Ming Sheng Daily* (Taipei) 29 Mar. 2002: A6.

-- -- -- --. "Cai Guo - Qiang Explodes Kinmen?" *Ming Sheng Daily* (Taipei) 29 Mar. 2002: A12.

-- -- -- --. "Wanting to Turn Kinmen Bunkers into an Art Arena." *Ming Sheng Daily* (Taipei) 30 Mar. 2002: A13.

-- -- -- --. "Cai Guo - Qiang Encourages Kinmen to Play Bunker Card." *Ming Sheng Daily* (Taipei) 31 Mar. 2002: A6.

Huang, Yuan. "M Meeting: Open Discussions on International Social and Cultural Issues." *www.tom.com* (China) 2002.

Itoi, Kay. "Inside Cai Guo - Qiang." *www.artnet.com* (USA) 2002.

-- -- -- --. "The Art Island." *ARTnews* (New York) Mar. 2002: 109.

-- -- -- --. "Making a Splash." *Newsweek* (New York) 9 Oct. 2002: 76, 77.

-- -- -- --. "Reviews: Hakone, Japan. Cai Guo - Qiang." *Sculpture* (Washington DC) Dec. 2002: 83.

Jodidio, Philip. "Cai L'alchimiste." *Connaissance des Arts* (Paris) Jan. 2002: 118 - 123.

Jiang, Hongbing. "When Cai Guo - Qiang Is Back for His Solo Show..." *Renmin Ribao* (Beijing) 1 Feb. 2002: 15.

Jiang, Mei. "Monthly Report from Shanghai Art World." *Artist* (Taipei) Apr. 2002.

-- -- -- --. "Unfolding Wild Flights of Fancy." *Art China* (Shanghai) Feb. 2002: 36 - 37.

Ju, Qing Sheng. "Epitome and Omen." *Art & Collection* (Taipei) Mar. 2002: 102 - 103.

Ju, Qiang and Pu, Baoyi. "Cai Guo - Qiang: A Righteous Conspiracy." *Nanfang Daily* (Guanzhou) 21 Feb. 2002: 7.

Kimmelman, Michael. "Queens, The New Modern Mecca." *The New York Times* (New York) 28 Jun. 2002: E31.

Kan, Lee-wen. "Who Is Internationalized?" *Liberty Times* (Taipei) 18 Jul. 2002.

-- -- -- --. "Strive for the Realization of BMoCA, Artists Are Driven to Conceive Projects." *Liberty Times* (Taipei) 18 Jul.

Kan, Lee-wen. "Paperwork and Budget Not in Place, BMoCA Unpromising." *Liberty Times* (Taipei) 17 Jul.

Katai, Miki. "Cai Guo - Qiang's CHADO Pavilion." *PR Weekly* (Tokyo) 27 May. 2002: 194.

Knöfel, Ulrike. "Die Rache der Kopfgeburten." *Der Spiegel* (Hamburg) 2 Dec. 2002: 198.

Köppel-Yang, Martina. "Revolt Is Reasonable: Remanifestations of the Cultural Revolution in Chinese Contemporary Art of the 1980s and 1990s." *Yishu* (Vancouver) Aug. 2002: 66 - 75.

Lee, Wei-jing. "Cai Guo - Qiang Will "Burn" British Museum Next Year." *China Times* (Taipei) 18 Aug. 2002.

. "The Big Explosion in Kinmen is not 023." *China Times* (Taipei) 30 Mar. 2002. 14.

Lai, Ting-heng. "Hu Yung-fen Quit the Kinmen Contemporary Art Exhibition." *China Times* (Taipei) 6 Apr. 2002: 14.

Lee, Wei-jing. "BMoCA: Hopeful but Uncertain." *China Times* (Taipei) 23 Jun. 2002.

-- -- -- --. "Kinmen Country Magistrate: We Must Realize BmoCA." *China Times* (Taipei) 17 Jul.. 2002.

-- -- -- --. "BMoCA Planning Premature, Future Uncertain." *China Times* (Taipei) 16 Jul.. 2002.

-- -- -- --. "National Museum of History Takes Over Kinmen Bunker Exhibition Project." *China Times* (Taipei) Apr. 2002: 13.

-- -- -- --. "Kinmem Bunkers: Full of Avant-garde Imagination." *China Times* (Taipei) 31 Mar. 2002: 14.

Leydier, Richard. "Cai Guo - Qiang." *Art Press* (Paris) Jan. 2002: 81 - 82.

Li, Qing. "From Shanghai towards the World." *Xinmin Evening News* (Shanghai) 2 Feb. 2002: 8.

Li, Yao Lin. "Socialist-Realism Oil Paintings Revisited Beijing." *Beijing Evening News* (Beijing) 29 Apr. 2002: 59.

Lin, Chien-hsiu. "Splendid Transient Rainbow: Cai Guo - Qiang Makes Wishes Come True." *Chinese World Journal* (New York) 30 Jun. 2002.

-- -- -- --. "Transient Rainbow Promotes MoMA Move." *Chinese World Journal* (New York) 29 Jun. 2002.

-- -- -- --. "Playful Sophistication: A Sketch of Cai's First Solo Show in China." *Art & Collection* (Taipei) Feb. 2002: 62 - 65.

-- -- -- --. "Novelty of Art That Heals Exhibition." *Chinese World Journal* (New York) 13 Mar. 2002: C6.

Liu, Hua. "Maksimov Paid Homage to Qi Bai Shi." *Laodong Daily* (Shanghai) 20 Feb. 2002:16.

Lu, To. "Central Park Dark Sky Brightens." *Ming Shen Daily.* Sep 17, 2003: A12.

Mahler, Annemarie. "Die Welt Explodiert." *Blick* 11 Dec. 2002.

Marti, Octavi. "Paul Virilio 'Propongo un museo que mire al accidente cara a cara.'" *Arte* 30 Nov. 2002.

Mattei, Sandra. "Fuochi d'artificio. Ma sopra al cimitero." *Giovedi* (Trento) 29 Aug. 2002.

MPU. "Explosive Premiere im Bilder-Museum." *Leipziger Volkszeitung* (Leipzig) Mar. 8 2002.

Ni, Tsai-chin. "Cai Guo - Qiang's Legend in Taiwan." *Art & Collection* (Taipei) Feb. 2002: 53 - 58.

Pan. Ching. "Cai Guo - Qiang Breaks into Art Auction in New York." *Art Today* (Taipei) May. 2002: 53.

Pignatti, Lorenza. "Crash." *Avanguardie Arte* 1 Dec. 2002.

Platt, Susan. "Reviews International: Vancouver." *Art Papers* (Seattle) Jan. /Feb. 2002:56.

Polveroni, Adriana. "Ground Zero." *Work: Art in Progress* (Trento) Apr./May 2002: 8 - 16.

Quattromani, Francesca. "Stasera I fuochi sopra al cimitero." *Cronaca di Trento* (Trento) 6 Sep. 2002.

Riding, Alan. "When Technology Turns Against Itself." *International Herald Tribune* (Paris) Dec. 28 - 29, 2002.

Rong, Pei Qiang. "Cai Guo - Qiang and Iwaki City." *Iwaki Weekly Review*. Jul. 31, 2003: 12.

Schench, Sabrina. "Two Offerings by Cai." *Work* (Trento) No. 3, 2002: 8 - 10.

Schulze, Franz. "A Collaboration in Concrete." *Art in America* (New York) Sep. 2002: 54.

Sciaccaluga, Maurizio. "Lampi de gennio." *Arte* (Milan) Sep. 2002: 108 - 111.

Shu, Ke Wen. "Cai Guo - Qiang's Firework and Art Exhibition." *Sanlian Shenghuo Zhoukan* (Beijing) 11 Feb. 2002: 110 - 111.

Sun, Limei. "This is A National Piece of Work." *Shanghai Evening Post* (Shanghai) 2 Feb. 2002:1.

Tan, Gen Xiong and Ge, Hong Bing. "Flatteries towards Imperialism?" *Art China* (Shanghai) Feb. 2002: 32 - 35.

Tan, Hwee Koon. "Sparks of Genius." *Design and Architecture* (Singapore) No. 9, 2002: 82 - 85.

Tong, Jinghan. "Maksimov's Impact on the History of China Art." *Art China* (Shanghai) Feb. 2002: 66 - 71.

Tracy, Allison. "At Jacob's Pillow's Doris Duke Studio Theatre, '/Asunder' Looks through the Windows of the Soul." *The Berkshire Eagle* 17 Aug. 2002.

Virilio, Paul. "Inventer le naview, c'est inventer le naufrage, l'avion le crash, et le train, la catastrophe ferroviaire." *Beaux Arts* (Paris) Dec. 2002.

Wang, Jie. "Artist Shares his Avant-garde Installations." *Shanghai Daily* (Shanghai) 6 Feb. 2002: 3.

Wang, Lan-fen. "Kinmen Contemporary Art Exhibition Has Modulated." *Ming Sheng Bao* (Taipei) 4 Apr. 2002:A10.

Ward, Ossian. "RA Modern: Sparks with Fly for the Opening of "The Galleries Show", that takes the temperature of London's Gallery Scene." *ArtReview* (London) Sep. 2002: 54 - 65.

Wu, Hung. "Contesting Global/Local: Chinese Experimental Art in the 1990s." *Orientations* (Hong Kong) Nov. 2002: 62 - 67.

Wu, Kin-tao. "The Royal Embraces the Commercial." *Art Today* (Taipei) Dec. 2002: 92 - 93.

Xu, Wei. "Arguments Over Installation Art." *Shanghai Morning Post* (Shanghai) 1 Feb. 2002.

Yang, Pei-hsin. "Cai Guo - Qiang Got it All: Kinmenite Artists Expressed their Discontent." *Liberty Times* (Taipei) 4 Apr. 2002: 40.

-- -- -- --. "Cai Guo - Qiang Stole the Resource: He Monopolied Kinmen Contemporary Art Exhibition. Hu Yung-fen was Repressed: Art Arena Disappear in the Air." *Liberty Times* (Taipei) 4 Apr. 2002: 39.

-- -- -- --. "Gunpowder Smoke Went off in Art Arena. It's a Pity, said Cai Guo - Qiang." *Liberty Times* (Taipei) 6 Apr. 2002: 39.

Yoda, Miki. "Tea Room, Neon Light and Cai Guo - Qiang's Exhibit." *The Sankei Shimbun* (Tokyo) 13 Jan. 2002: 13.

Yoshihito, Horie. "Cai Guo - Qiang—A Chinese Contemporary Artist Who Studied in Japan, and Had A Solo Show in Shanghai." *Asahi Shim Bun* (Tokyo) 6 Feb. 2002.

Zhang, Chao-hui. "Comparative Studies on the Artistic Executions between Xu Bin and Cai Guo - Qiang." *Museum of Art* (Guangzhou) No.3, 2002: 73 - 77.

Zhang, Qing. "Glimpse of Cai Guoqiang's Work." *Art China* (Shanghai) Feb. 2002: 30 - 31.

-- -- -- --. "History Challenges Reality." *Dushu* (Beijing) Apr. 2002: 12 - 19.

-- -- -- --. "History Challenges Reality." *Yishu* (Vancouver) May 2002: 52 - 59.

Zhang, Wen Jing. "Cai Guo - Qiang Goes Home to Set off Fireworks." *Dongnan Zaobao* (Quanzhou) Jan. 2002: 1.

Zhang, Yvonne. "Artist Roams Freely in Between." *Shanghai Star* (Shanghai) 7 - 20 Feb. 2002: 25.

Zhao, Huai Lin. "Life Cycle Mourning: Cai Guo - Qiang Explodes New York City." *United Daily News*. Sep. 9, 2003: B6.

-- -- -- --. "Cai Delights New York City with "Life Cycle" in Rain and Cloud." *United Daily News*. Sep 17, 2003: A12.

Zhao, Ling. "A Contradiction-maker Who Plays with Fire." *Shanghai Afternoon Post* (Shanghai) Feb. 2002.

Zhong, Xi Min. "Cai Guo - Qiang: A Fujian Artist from Explosion." *Fuzhou Evening Daily* (Fuzhou) 13Mar. 2002: 7.

Zhuang, Jin Quan. "A Blink of Beauty." *Quanzhou Wanbao* (Quanzhou) 4 Jan. 2002.

Zhuang, Li Hong. "APEC Cityscape Fireworks Drawing Shown in Public." *Quanzhou Wanbao* (Quanzhou) 3 Jan. 2002: 1.

2001   Buchloh, Benjamin H. D. "Control, by Design." *Artforum* (New York) Sep. 2001: 162.

Chang, Tianle. "Dazzling Fireworks to Illuminate Sky." *APEC Today* (Shanghai) 20 Oct. 2001: 3.

-- -- -- --. "Masterminding the Rare Occasion." *Shanghai Star* (Shanghai) 18 Oct. 2001: 4.

Chen Danqing. "Talk with Chen Danqing." *Art World* (Shanghai) July 2001: 63.

Chen Yu. "It's a Beautiful Night." *Jiefang Daily* (Shanghai) 21 Oct. 2001:1.

Cheng, Amy. "Performing Ink Paintings Reflecting Impressionistic Drawings." *Art and Collection* (Taipei) Sep. 2001: 154 - 155.

Daverio, Laura. "Bebbre Gialla." *Artein* (Venice) Apr./May 2001: 38.

Deitch, Jeffrey. "Form Follows Fiction." *Flash Art* (Torino) Dec. / Jan. 2002: 69.

Editor. "Asunder." *The New Yorker* 21 May 2001: 12.

Editor. "Bonus Track." *Bijutsu Techo* (Tokyo) Oct. 2001: 65.

Editor. "Cai Guo - Qiang's APEC Fireworks Show Cannot Be Realized In Its Entirety." *Chinese Art News* (Taipei) Nov. 2001: 10.

Editor. "Cai Guo - Qiang: Starting from Asia!! Cultural Melting Project for the New Century." *Bijutsu Techo* (Tokyo) 1 Jan. 2001: 68 - 73.

Editor. "Frontline News: Venice: Cai Guo - Qiang Service for the Biennale." *Chinese Art News* (Taipei) July 2001: 19.

Editor. "A Tour of 2001 Yokohoma Triennial." *Bijutsu Techo* (Tokyo) Oct. 2001: 42.

Engelhard, Gunter. "Auf dem Grenzpfad der Fantasie." *Art Das Kunstmagazin* (Hamburg) Sep. 2001: 73.

Fang Zhenning. "Cai Guo - Qiang Shanghai APEC Cityscape Fireworks Showdown." *Artist* (Taipei) Nov. 2001: 457 - 468.

-- -- -- --. "Dissecting Cai Guo - Qiang's Art." *Artist* (Taipei) Nov. 2001: 456.

-- -- -- --. "Mega Wave Towards a New Interfuse." *Artist* (Taipei) Oct. 2001: 341.

Gan, Yifei. "Open Ends." *Jiangsu Art Monthly* (Nanjing, China) June 2001: cover, 20, 21.

Garnett, Daisy. "How is Your Feng Shui?" *Visuell: Deutsche Bank Art* (Frankfurt) 2001: 17 - 20.

He, Chun-Huan. "October Shanghai APEC Closing Ceremony's Multi-media Fireworks Explosion." *Chinese Art News* (Taipei) July 2001: 14.

He, Haishuo. "The Perplexity of History." *Artist* (Taipei) Oct. 2001: 284 - 285.

He, Zhengguang. "Shanghai APEC, High Tech Explosion Art for the Guests." *Associated Paper* (Taipei) 17 Oct 2001: 14.

Ho, Hanru. "A Naked City." *Art Asia Pacific* (Sydney) Issue 31: 60, 62.

Hong, Zhimei. "Fireworks On the River." *Freedom Times* (Taipei) 12 Oct. 2001: 40.

In, Zhi. "Cai Guo - Qiang: Play Art Well." *Art World* (Shanghai) Nov. 2001: 8 - 15.

Koppel-Yang, Martina. "Rebellion Yhat Makes Sense: A Magnificent Legacy." *Avant-Garde Today* (Tienjin, China) Issue 11: 215 - 216.

Kourlas Gia. "Culture Club." *Time Out New York* 17 - 24 May 2001: 97.

Laurence, Robin. "The Art of Illusion." *The Georgia Straight* (Vancouver, Canada) 2 - 9 Aug, 2001: 45.

Li, Weijin. "Fire Burns Great Dragon Flying Over Shanghai." *China Times* (Taipei) 15 Oct. 2001: 14.

Li, Xiangyang. "Cai Guo-Qing and Ni Tsai-Chin's Collaboration in Tuscany." *Art and Collection* (Taipei) Nov 2001: 169.

Lin, Lucus. "Cai Guo - Qiang: First Stage Design in 16 Years Showing Unique Style." *World Journal* (New York) 19 May: 2001.

-- -- -- --. "Cai Guo - Qiang and Ni Tsai-Chin Collaborates Again." *Art and Collection* (Taipei) Aug. 2001: 20.

-- -- -- --. "Seven Chinese Artist's New York Dream." *Art and Collection* (Taipei) Sep. 2001: 67 - 68.

Liao, Chong Fang. "An Arbitrary History: Cai Guo - Qiang's SoloExhibition at Musee d'art Contemporian de Lyon." *Artist* (Taipei) Dec. 2001: 136 - 143 。

Lou, Rong. "Cai Guo - Qiang Fires for APEC." *Shanghai Weekly* (Shanghai) 4 Oct. 2001: A3.

Lou, Yu. "What a Beautiful Night." *Jiefang Daily* (Shanghai) 21 Oct, 2001: 12

Lu, Jie. "The Chinese Heart Within the International Art Center." *Art and Collection* (Taipei) Sep. 2001: 44.

Martinez, Rosa. "Eclosion Asiatica." *El Periodico Del Arte* Feb 2001: 10.

Obigane, Akio. "Relaxing Amidst Contemporary Art." *Asashi Shimbun* (Tokyo) 1 Sept. 2001: 12.

Qin, Yajun and Zhang Lihao. "Cai Guo - Qiang Explosive Power Cannot Be Stopped." *Art and Collection* (Taipei) Nov. 2001: 150 - 152.

Tasch, Stephanie. "Shanghai Biennale." Asian Art (London) Jan 2001: 8.

Wang, Nanmin. "Shanghai Art Museum Should not Become a Problem Point that Western Hegemony Places in China." *Chinese Art News* (Taipei) No. 40 2001: 93.

Watari, Izuko. "Interview with Harald Szeeman." *Bijutsu Techo* (Tokyo) Sep. 2001: 51.

Yang, Liu. "Shanghai Awaits a Splendid Opening." *Youth Daily* (Shanghai) 13 Oct. 2001: front page, 4, 5.

Yang, Shiying. "Century Stranger." *Selected Wroks of Taiwan Hong Kong Literature* (Fuzhou, China) No. 3 2001: cover, inside covers, 37 - 43.

Yu, Hsiao-Hwei. "Shanghai Biennale Opens the Door for the Possibility of Contemporary Art to Exist Normally in China." *Chinese Art News* (Taipei) No. 40 2001: 90.

-- -- -- --. "New Chance for Japanese Contemporary Art?" *Art and Collection* (Taipei) Oct. 2001: 75.

Zhang, Hong, Zhang Yu, and Yu Liang Xing. "Shanghai Blazed for the World." *Xinmin Evening News* (Shanghai) 21 Oct. 2001.

Zhang, Qing. "Back Home the Dragon." *ArtChina* (Shanghai) Dec. 2001: 68 - 75.

Zhao, Feifei. "Brighten the Sky, and Lighten the Hearts." *Shanghai Daily* (Shanghai) 20 Oct. 2001.

Zheng, Huihua. "Two-sided Cai Guoqiang." *ArtChina* (Shanghai) Dec. 2001: 76 - 79.

Zheng, Sheng Tian. "The Plateau of Human Kind, Has China Reached it?" *Art and Collection* (Taipei) July 2001: 59.

-- -- -- --. "The Inerasable Footprints in History." *Art and Collection* (Taipei) Oct. 2001: 66.

-- -- -- --. "The Auction Premier of Cai Guo - Qiang's Work." *Art and Collection* (Taipei) Oct. 2001: 66.

Zhou, Jie Rong. "What a Beautiful Night." *Xinmin Evening News* (Shanghai) 21 Oct. 2001:28.

-- -- -- --. "Pervading the Air with Joy, Fireworks Showered Shanghai at Night." *Jiefang Daily* (Shanghai) 21 Oct. 2001:12.

2000

Albert, Jane. "Gallery Trots Out an Old Idea for the Manestream." *The Australian* 24 May 2000: 7.

Allen, Jane Ingram. "Participatory Works: Viewers as Co-Creators." *Sculpture* (New Jersey) Jan-Feb 2000: 73-75.

Baude, Dawn Michelle. "Lyon Biennale Examines the Exotic." *Art and Auction* Sep. 2000: 134.

Bickers, Patricia. "Letter from Sydney." *Art Monthly* (London) Jul-Aug 2000: 24, 25.

Camnitzer Luis. "Venice Biennial." *Art Nexus* Nov. 1999 - Jan. 2000: 61.

Chen, Xiaohui. "Do You Know Cai Guo - Qiang?" *Quanzhou Wenxue* (Quanzhou) No. 6 2000: 18-19.

Chiu, Melissa. "Off with a Bang: An Interview With Controversial Artist Cai Guo - Qiang." *Postwest* (Sydney) 2000: 28 - 31.

Chou, Li Ben. "MoMA 2000 Exhibition Reaching Final Climax." *Art & Collection.* (Taipei) 2000: pp. 78 - 81.

Colard, Jean-Max. "Reportage Gand Exta Muros." *Beaux Arts* (Paris) June 2000: 95.

Ebony, David. "Who Owns 'The People's Art'?" *Art in America* Oct. 2000: 51.

Eckholm, Erik. "Cultural Revolution, Chapter 2." *The New York Times* 17 Aug. 2000: E1.

-- -- -- --. "Dispute over Rent turns Ugly." *The Globe and Mail* 23 Aug. 2000: R7.

Editor. "Cai Guo - Qiang's Work Premiers in Auction House." *Art and Collection* (Taipei) Oct 2000: 66.

Editor. "Capelli, materassi e polvere da sparo." *Il Giornale Dell' arte* Apr. 2000: 27.

Editor. "Christie's Taipei Autumn Auction." *Artist* (Taipei) Nov 2000: 188.

Editor. "Did Rent Collection Courtyard Falls Violate Copyright?" *Wenyi Bao* (Beijing) 20 July 2000: 1.

Editor. "Issey Miyake's Design Laboratory." *Geijutsu Shincho* (Tokyo) 1 Aug. 2000: 58.

Editor. "Kulturrevolutionar." *Focus* 25 Sep. 2000: 178.

Editor. "Rent Collection Courtyard Falls Into Chain Lawsuits." *Wenyi Bao* (Beijing) 20 July 2000: 1.

Editor. "Rent Collection Courtyard: Art or Copyright Infringement?" *Keji Ribao* 30 June 2000: 8.

Feinstein, Roni. "The Biennale of Reconciliation." *Art in America* (New York) Dec. 2000: 38.

Fenner, Felicity. "Pluralism East." *Art in America* Sep. 2000: 67, 73.

Fortescue, Elizabeth. "Paintings Simply Equine." *The Daily Telegraph* 26 May 2000.

Gan, Yifei. "Retrospect and Prospect." *World Art* (Beijing) No. 4 2000: 8.

-- -- -- --. "Retrospect and Prospect." *Contemporary Artists* (Chongqing, China) Nov 2000: 66 - 67.

Gao, Minglu. "A Fin-de-Siecle Description of Art in China's Mainland, Taiwan, Hong Kong and Overseas." *Avant-garde Today* (Tianjin), Vol. 8, 2000: 81 - 87, back cover.

Gibson, Jeff. "Third Asia-Pacific Triennial of Contemporary Art." *Artforum* (New York) Jan. 2000: 111.

Goldberg, Itzhak. "La 5 Beinnale de Lyon." *Beaux Arts* (France) July 2000: 92.

Gotting, Peter. "Nude Horses Around Bareback in Name of Art." *The Sydney Morning Herald* 24 May 2000.

Gustin, Marene. "Art Unsenseored." *Sense Houston* March 2000.

Halle, Howard. "Cai Guo - Qiang: Explosive Artist." *Time Out New York* 27 Jan-3 Feb 2000: 21.

Harper, Glenn. "Dispatches: Vienna." *Sculpture* Mar. 2000:79.

He, Wangli. "From 'Fountain' to 'Venice Rent Collection Courtyard." *Contemporary Artists* (Chongqing, China) Nov 2000: 33 -

Heartney, Eleanor. "An Adieu to Cultural Purity." *Art in America* Oct. 2000: 153 - 154.

Ho, Hanru. "A Naked City." *Art Asia Pacific* (Sydney) Issue 31: 60, 62.

Hikosaka Naoyoshi. "Contemporary Japanese Art History of the 90's." *Saison Art Program Journal* (Tokyo) 1 Jan. 2000: 36 - 63.

Holubizky, Ihor. "Here and Now." *C: International Contemporary Art* (Toronto) Nov.1999 - Feb. 2000: 10-11, 13.

Huang, Du. "Cai Guo - Qiang's Right of Self-Promotion." *Beijing Youth Daily* (Beijing) Nov.2000:29.

Hynes, Victoria. "Steps Into A New Age." *Asian Art News* (Hong Kong) Sep. - Oct. 2000: 49.

Imwinkelried, Rita. "Vorwurfe gegen Exil-Chinesen: 'Aussen gelb und innen weiss.'" *Art Das Kunstmagazin* (Hamburg) Nov. 2000: 143.

Jodidio, Philip. "Metissages." *Connaissance des arts* Sep. 2000: 5.

Jouanno, Evelyne. "Cai Guo - Qiang: Between Heaven and Earth." *Flash Art* Nov-Dec 2000: 66 - 68.

-- -- -- --. "Cai Guo - Qiang: Tra Cielo e Terra." *Flash Art* Apr-May 2000: 94 - 96.

Kellogg, Valerie. "Spatial Relations." *ARTnews* Summer 2000: 38.

Kimmelman, Michael. "A New Whitney Team Makes Its Biennial Pitch." *New York Times* 24 Mar. 2000: E33.

Kitagawa, Fram and Shigeo Anzai. "Ichigo Tsumari." *Bijutsu Techo* (Tokyo) 1 Sep. 2000: 127, 152.

Klaasmeyer, Kelly. "Caution: Swoon Zone." *Houston Press* 20-26 Apr. 2000: 71 - 72.

Kleinefee, Florian. "Over the Edges." *Connaisance des Arts* (Paris) May 2000: 74.

Kohlmeyer, Agnes. "Che l'energia si scateni!" *Il Sole 24 Ore* (Milan) 23 Jan. 2000.

Liu, Xiaochun. "Two Points on the Rent Collecitng Courtyard." *Contemporary Artists* (Chongqing, China) Nov 2000: 41 - 43.

Maki Yoichi. "Recalling Memory and Emotions as the Art of Cultural Alchemy." *Sekai* (Tokyo) 1 July 2000: 194 - 200.

Morin, France. "The Quiet in the Land: Everyday Life, Contemporary Art, and Projeto Axe." *Art Journal* Fall 2000: 5, 15, 17.

Morin, France. "The Quiet in the Land: Resistance and Healing through Art." *Art Journal* Spring 2000: 8.

Mu Qun. "A Class Discussion on the International Lawsuit of the Rent Collecting Courtyard." *Contemporary Artists* (Chongqing, China) Nov 2000: 44 - 45.

Napack, Jonathan. "Chinese Artists May Sue Venice Biennale." *The Art Newspaper* Sept. 2000: 3.

Pan, Li. "Japan Niigata Land Art Triennial Report." *World Art* (Beijing) No. 4 2000: 13.

Paroissien, Leon. "Biennale of Sydney 2000." *Art & Australia* No. 2 2000: 220.

Peng, De. "The Crazy Rent Collecting Courtyard." *Contemporary Artists* (Chongqing, China) Nov 2000: 30 - 31.

Picard, Denis. "Partage d'exotismes." *Connaissance des arts* Sep. 2000: 117.

Ping, Sheng. "The Legal and Emotional Issues of Rent Collection Courtyard." *Wenyi Bao* (Beijing) 20 July 2000: 1.

Preston, Geroge Nelson. "Children of the Reckless West, Obvious is Obvious and Lies Like Art." *Review* (New York) 1 Apr. 2000: 41 - 42.

Qiu, Zhijie. "Analyzing the Language Surrounding Rent Collection Courtyard." *Zhonghua Doshu Bao* (Tianjin) 12 July 2000: 14.

Roban, Sandra Krizic. "Pisat cu po Nebu." *Vjesnik* 27 Jan. 2000: 16.

Schoeneman, Deborah. "The Lion, the Whitney and Mr. Cai." *The New York Observer* 29 May 2000.

Shu, Kewen. "Cai Guo - Qiang in the Race of Turtle and Hare." *Sanlian Shnghuo Zhoukan* (Beijing) No. 14 2000: 58 - 59.

Shinkawa, Takashi. "Festival of Land Art." *AsahiGrpah* 18 Aug. 2000: 40 - 47.

Singh, Ajay. "Luck Be a Stone Lion." *Time* (New York) 3 July 2000: 53.

Sun, Zhenghua and Lu Hong. "Identify Culture ID and Go Out of the Occidental Shadow: A Dialogue on the Rent Collecting Courtyard." *Contemporary Artists* (Chongqing, China) Nov 2000: 35 - 39.

Tai, Ya Jun, and Chang, Li Hao. "Cai Guo - Qiang: Irresistible Explosion Power." *Art &Collection.* (Taipei) Nov. 2000: 150 - 153.

Takami, Akihiko. "20th Century 100 Art Matrix." *Bijutsu Techo* (Tokyo) 1 Dec. 2000: 124.

Turner, Grady T. "The Biennale of Sydney 2000." *Flash Art* Oct. 2000:39, 45.

Vogel, Sabine B "Cai Guo - Qiang in der Kunsthalle." *Kunst - Buletin* Jan / Feb 2000.

Wang, Lin. "My Views of the Commentaries on the Rent Collecting Courtyard." *Contemporary Artists* (Chongqing, China) Nov 2000: 28 - 29.

Wang, Xiaoqian. "Post-Modern, vs. Post-Colony: Chinese Artists' Post-Modern Qualification." *Contemporary Artists* (Chongqing, China) Nov 2000

Wen, Shan. "Old Problems, New Problems." *Artscircle* (Shanghai) Sep.-Oct. 2000: 79 - 83.

Wu, Hung. "The 2000 Shanghai Biennale." *Art Asia Pacific* (Sydney) Issue 31: 44.

Wu, Xiao-Fang. "MoMA 2000: Open Ends." *Artist* (Taipei) Nov 2000: 323 - 324.

Wang, Guanyi. "Three Queries on the Work of 'Venice Rent-collecting House." *Sculpture* 2000.1: 6 - 7.

Wang, Zhi. "Cai Guo - Qiang's Loneliness and Wondering-about." *China Foreign Service* Issue 3, 2000: 54 - 57.

Wei, Lilly. "2000 Biennial Exhibition." *ARTnews* May 2000: 225.

Wu Hong. "On 'Rent-collecting House' an interview with Cai Guoqiang." *Sculpture* 2000.1: 8 - 11.

Xiao-O. "Venice's Rent Collection Courtyard: Post-Modern? Post-Colonial? An Interview with Critic Dao Zi." *Life Times* (Beijing) 17 July 2000: 4.

Xu, Youyu. "Which Age is Rent Collection Courtyard a Model for?" *Zhonghua Doshu Bao* (Tianjin) 12 July 2000: 14.

Yang, Yingshi. "Artist's Work Explosive: Cai turns Oriental Philosophy Into Art Creation." *China Daily* 3 Feb. 2000: 7.

Yamaguchi, Romiko. "Biennale of Sydney 2000." *Bijutsu Techo* (Tokyo) 1 Sep. 2000: 118 - 121.

Zhang, Zhaohui. "The Shifting International Art Scene and Overseas Chinese New Art." *Chinese Art* (Beijing) No. 1 2000: 9 - 10.

Zhang, Zhimin. "The Dispute Over the Rights of Rent Collection Courtyard." *Legal Daily* (Beijing) 21 July 2000: 8.

Zhou, Jingge. "Explosive Art on the Catwalk." *Huasheng Monthly* (Beijing) Apr. 2000: 78 - 81.

1999   Barratt, David. "Trade Wins." *Art Monthly* July - Aug. 1999: 1.

Bartelik, Marek. "Wazne Pytania." *Pokaz* Third Quarter 1999: 25

Bernard Christian. "Harald Szeemann." *Art Press* June 1999, 19.

Cameron, Dan. "Looking For a Place." *Artforum* Nov. 1999: 140.

Cai Guo - Qiang answers the question by Beaux Arts: "According to Your What Does it Mean to Be an Artist Today?" *Beaux Arts* (Paris) 15 Dec. 1999: 29.

Da Fu. "Kindling The Fashion Clothing." *Art World* (Shanghai), Mar. 1999: 32 - 35.

Dal Lago, Francesca. "Open and Everywhere." *Art Asia Pacific* (Sydney) No. 25, 1999: 24 - 26.

Elliot, David. "Hole Truth." *Artforum* (New York), Sept. 1999: 150 - 151.

Fujimori, Manami. "The Art World's Globalization." *OCS News* (New York) 13 Aug. 1999: 12 - 13.

"Gunpowder Drawings of Cai Guo - Qiang." *New York Contemporary Art Report* July - Aug. 1999: 100 - 109.

Heartney, Eleanor. "Children of Mao and Coca-Cola." *Art in America* (New York) Mar. 1999: 42 - 51.

Hohmeyer Jurgen. "Fahre aus dem Orient." *Der Spiegel* (Hamburg) No. 24, 1999: 226 - 227.

Holborn, Mark. "Steps in Space." *Aperture* (New York) Fall 1999: 8, 9, 48, 49, 62, 63.

Huang Qiang Fang. "Conversing with the Spirit of the Universe." *Art of Collection* (Taipei) Feb. 1999: 172 - 177.

Hynes, Victoria. "A Community of Spirits." *World Sculpture News* (Hong Kong) Autumn 1999: 61.

Levine, Angela. "Eco on the Mountain." *Jerusalem Post* 26 Nov. 1999.

Lin, Xiao Pin. "Globalism or Nationalism." *Art Observation* (Beijing) no. 11, 1999: 8 - 9.

Lloyd, Ann Wilson. "Museum and Mall." *Art in America* Oct. 1999: 107.

Madoff, Steven Henry. "Sink or Swim." *Artforum* (New York) Sep. 1999: 145 - 154, 184.

Menegoi, Simone. "Marco Polo e McDonald's." *Activa* (Milan) Sep. 1999: 154 - 155.

Mezil, Eric. "Lighting the Fire." *Beaux Arts* (Paris) 15 Dec. 1999: 29, 138 - 141.

Mitchell, Charles Dee. "Places of Art." *Art in America* December 1999: 51.

Mittringer, Markus. "Ein Lob der Pyrotechnik." *Der Standard* 4 Nov. 1999.

Ogula, Masashi. "Issey Miyake: Issey Miyake Making Things." *Bijutsu Techo* (Tokyo) 1 Feb. 1999: 109 - 116.

Schulz, Bernhard. "Die Explosion im Auge des Betrachters." *Der Tagesspiegel* 28 Dec. 1999: 16.

Silverman, Tina. "What a Dump!" *The Jerusalem Report* 20 Dec. 1999: 47.

Simon, Joan. "Miyake Modern." *Art in America* (New York) Feb. 1999: 78 - 81.

Sotriffer, Kristian. "Das grosse Knallen und Rauchen." *Observer* (Vienna) 20 Nov. 1999.

Takami, Akihiko. "Cai Guo - Qiang." *Bijutsu Techo* (Tokyo) Mar. 1999: 9 - 43, cover.

Thea, Carolee. "Prismatic Visions." *Sculpture* (New Jersey) July - Aug. 1999: 34 - 35.

Thomas, Dana. "Gunpowder and Fashion." *Newsweek* (New York) 18 Jan. 1999: 64.

"Venice Biennale 1999." *Zoo* 3 (1999): 138, 141.

Vetrocq, Marcia E. "The Venice Biennial: Reformed, Renewed, Redeemed." *Art in America* (New York) Sep. 1999: 83 - 92.

Vogel, Carol. "Choosing a Palette of Biennial Artists." *New York Times* 8 Dec. 1999.

Wilmes, Hartmut. "Gauguins Schritt in die Weltkunst." *Kolnsche Rundschau* (Cologn) 30 Oct. 1999.

Worring, Stefan. "Tausend Pfeile gegen die vernunft." *Kolner Stadtanzeiger* (Cologn) 25 Oct. 1999.

Zaya, Octavio. "Cai Guo - Qiang. *Grand Street* (New York) no. 67, 1999: 120 - 125, cover.

Zevi, Adachiara. "La Biennale di Venezia 48 Esposizione Inernazional d'arte 1999." *Lotus* (Milan)105: 20 - 21.

1998   Chen, Chan Hua. "Advertisement, Advertisement Castle, Site of Desire." *Chinese Art News* (Taipei) Sep. 1998: 16.

Cochran, Rebecca Dimling. "Cai Guo - Qiang." *Sculpture* (New Jersey) Feb. 1998: 66.

Cotter, Holland. "A Great Chinese Leap Into a New Sort of Cultural Revolution." *New York Times* 18 Sept. 1998: Art Review.

-- -- -- --. "Art That's a Dragon With Two Heads." *New York Times* 13 Dec. 1998: Art Review.

Editorial. "No Destruction, No Construction." *Art of Collection* (Taipei) Oct. 1998: 117 - 118.

Gao, Chen-Huei. "Golden Missile and Small Coins." *Chinese Art News* (Taipei) Aug. 1998: 80.

Goodman, Jonathan. "Cai Guo - Qiang." *Art Asia Pacific* (Sydney) no. 18 1998: 92.

Gumpert, Lynn. "Giving Pleats a Chance." *ARTnews* (New York) Dec. 1998: 82 - 84.

Heartney, Eleanor. "Cai Guo - Qiang at the Queens Museum of Art." *Art in America* (New York) Jan. 1998: 93.

-- -- -- --. "The Costs of Desire." *Art in America* (New York) Dec. 1998: 38 - 43.

Hou, Hanru. "The 1998 Taipei Biennial." *Flash Art* (Milan) Oct. 1998: 120.

Huang, Du. "Cai Guo - Qiang From Mystery and Philosophy to Reality." *Art Asia Pacific* (Sydney) no. 20 1998: 58 - 61.

Kelmachter, Helene. "Herve Chandes presente Cai Guo - Qiang." *Connaisance Des Arts* (Paris) Oct. 1998: 78.

Murata, Makoto. "Hotbath and Field Turned into Art." *Asahi Shimbun Weekly AERA* (Tokyo) 3 Aug. 1998: 37 - 38.

Nepu, Bradumup. "Issey Miyake Making Things." *VIP, World of Design* no. 4, 1998: 56 - 63.

Pai, Maggie. "Challenges To Change." *Asian Art News* (Hong Kong) Jul./Aug. 1998: 37.

Pollack, Barbara. "Eastern Exposure." *Village Voice* (New York) Sep. 1998.

Pringle, Colombe. "Cai Guo - Qiang, l'artificier du symbole." *L'express Le Magazine* Oct. - Nov. 1998: 21.

-- -- -- --. "Metamorphasis." *L'express Le Magazine*, Oct. - Nov. 1998: 14.

Sanda, Haruo. "The Extreme Opposition of Two Elements." *Mainichi* (Tokyo) 14 Mar. 1989, eve. ed.

Schwabsky, Barry. "Inside Out: New Chinese Art." *Artforum* (New York) Dec. 1998: 130.

Solomon, Andrew. "As Asia Regroups, Art Has A New Urgency." *New York Times* 23 Aug. 1998.

Verzotti, Giorgio. "La Ville, Le Hardin, La Memoire." *ArtForum* (New York) Trans. Marguerite Shore. Nov. 1998: 122.

1997   Bischoff, Dan. "Chinese Artist Explodes Onto Contemporary Global Scene." *Sunday Star Ledger* 21 Sept. 1997: S4, 10.

Camhl, Leslie. "Cai Guo - Qiang." *Village Voice* (New York) 20-26 Aug. 1997: 87.

Cotter, Holland. "Playing to Whoever In Distant Galaxies." *New York Times* 15 Aug. 1997: Art Review.

Exhibitions. *Chinese Art News* (Taipei), July 1997: 16.

Frigo, Sergio. "Un'opera d'arte fatta di buio." *Il Gazzettino, Domenica* 15 giugno 1997: 17.

Gao, Chen-Huei. "Genghis Khan's Ark: an Analysis of Cai Guo - Qiang's Mastering of Western Art Methodology by Eastern Aesthetic Statement." *Yishujia* [Artist] (Taipei) April 1997: 322 - 327.

Johnson, Ken. "Eyes on the Prize." *Art in America* (New York) Apr. 1997: 41 - 45, 135.

Lutfy, Carol. "Asian Artists in America: Ik-Joong Kang, Cai Guo - Qiang, Manuel Ocampo." *Atelier* Mar-Apr 1997: 76 - 99.

-- -- -- --. "Flame and Fortune." *ARTnews* (New York) Dec. 1997: 144 - 147.

Levine, Paul. "Copenhagen, Cai Guo - Qiang." *ARTnews* (New York) June 1997: 135.

Martinez, Rosa. "Devolviendo la aureola de luz al universo." *Panorama Enero de* 1997: 4, 5.

Nahas, Dominique. "Cai Guo - Qiang Cultural Melting Bath: Projects for the 20th Century." *Review* (New York) 15 Sep. 1997: 7 - 9.

Nahas, Dominique. "Response To the Editor." *Review* (New York) 15 Oct. 1997: 5 - 6.

Pollack, Barbara. "West Goes East." *ARTnews* (New York) Mar. 1997: 86 - 87.

Schwabsky, Barry. "Tao and Physics: The Art of Cai Guo - Qiang." *Artforum* (New York) Summer 1997: 118 - 21, 155.

Shioda, Jun'chi and Fukunaga, Osamu. *Japanese Contemporary Art in the 1990s: A Perspective* (Tokyo) Jan. 1997: 8, 9, 12.

Tomii, Reiko. "Letter to the Editor." *Review* (New York) 15 Oct. 1997: 5.

Yu, Hsiao-Hwei. "Cai Guo - Qiang Discusses Where the Budget Comes from, Where the Work Goes." *Chinese Art News* (Taipei) Nov. 1997: 74 - 86, cover.

1996   Bray, David and Sean Parnell. "Explosion Destroys Triennial Fireworks." *The Courier Mail* (Brisbane) 26 Sept. 1996: 3.

Cotter, Holland. "A SoHo Sampler: Short List for Prize." *New York Times* 22 Nov. 1996: Art Review.

Morgan, Robert C. "The Hugo Boss Prize 1996." *Review* (New York) 15 Dec. 1996: 1 - 2.

Zaya, Octavio. "Global Art: Cai Guo - Qiang." *Flash Art* Oct. 1996: 103.

-- -- -- --. "Global Art: Cai Guo - Qiang." *Flash Art* (Milan) Oct. 1996: 103.

1995   Delank, Claudia. "Mongolen im Dogenpalast: Ostasiatische Kunst in Venedig 1995." *Neue Zeitschrift fur Kunst und Kritik bindende Kunst* Sept.-Nov. 1995: 102 - 103.

Hasegawa Yuko. "Last Words on the Biennale: Two Choices." *Flash Art* (Milan) Nov / Dec 1995: 74.

Herbstreuth, Perter. "Transculture; Palazzo Giustinian Lolin." *Siksi* (Finland) No.3 1995: 53 - 54.

Hou, Hanru. "Bruckenschlage: Der Kritiker Hou Hanru uber chinesische Kunstler im Ausland." *Neue Zeitschrift fur Kunst und Kritik bindende Kunst* Feb-Mar. 1995: 58 - 61.

Liu, Li. "Museum of Contemporary Art, Tokyo for the 21st Century." *Flash Artist* May 1995: 181 - 187.

Stelmackowish, City. "Peripheral Centres." *Border Crossings* (Canada) Fall 1995: 61 - 62.

Turner, Jonathan. "Biennale Blues." *ARTnews*, special issue 1995, 136 - 137.

-- -- -- --. "Biennale Blues." *ARTnews* (New York) special issue 1995: 136 - 37.

Zhang Yuanqian. "Order in Chaos: Cai Guo - Qiang, a Phenomenon in Japan." *Xiong Shi Art* (Taipei) Oct. 1995: 58 - 65.

1994   Aoki Naoko. "Cai Guo - Qiang's Chaos Exhibition." *GQ Japan* Nov 1994: 190 - 191.

Derada Tatsuo. "Fire Art Collaborates with Local Residents." *Asahi Simbun* 16 Jan. 1994.

Fei Dawei. "Asian Boom and Asian Exhibitions In Japan." *Artist* (Taipei) Dec. 1994: 226 - 254.

Friis-Hansen, Dana. "Cai Guo - Qiang at the Iwaki City Art Museum." *Art in America* (New York) Nov. 1994: 144.

-- -- -- --. "Global Art: Cai Guo - Qiang." *Flash Art* (Milan) May-June 1994: 102.

Hou, Hanru. "Departure Lounge Art: Chinese Artists Abroad." *Art Asia Pacific* (Sydney) no. 2, 1994: 36 - 41.

Matsumura Toshio. "The Vitality of Installation Art." *Sankei Shimbun* 23 Oct 1994 morn. ed.

Nakamura Keiji. "Festivity and Fantasy in the Ancient Capital." *Bijutsu Techo* (Tokyo) June 1994: 196 - 206.

Nakamura Keiko. "Flame Inherits Life." *Keikan Seimeishi* July 1994: 3.

Obigane Akio. "Creativity in Asia Art Now: Multi-Artistic Hot Trends." *Asahi Shimbun* 17 Sept. 1994 eve. ed.

Reed, Robert. "Burning Paths Toward a New Asian Art Order." *Daily Yomiuri* (Tokyo) 21 Oct. 94: 15.

Sanda, Haruo. "The Relationship of Community and Nature Turned into Art." *Mainichi* 14 Mar. 1994 eve. ed.

Sugawara, Norio. "The Year in Art: Europe-America Decline, Cai Guo - Qiang Active." *Yomiuri Shimbun* (Tokyo) 14 Dec. 1994.

Takami Akihiko. "Another Long March." *Bijutsu Techo* (Tokyo) May 1994: 203 - 214.

Tanaka Sanzo. "Cultural Exchange by Way of Turtle's Promenade." *Asahi Simbun* 9 Feb 1994 eve. ed.

1993   Cai Guo - Qiang. "Friends' Current Works: Gu Wenda, Yang Jiechang, Huang Yungping." *Music Today* (Tokyo) Oct 1993: 114 - 115.

-- -- -- --. "Portrait of Artist As Explosive Expert." *The Nikkei Weekly* (Tokyo) 22 Mar. 1993.

Editor. "From the Great Wall of China into the Gobi Desert, Let the Fire Run." *Jiangbuabu [5th Grade Text Book]* (Tokyo), Sept. 1993: 9 - 15.

Fei Dawei. "Nomad Culture, Nationalism." *Ershiyi Shiji [21th Century]* (Hong Kong) Feb. 1993: 93 - 101.

Sawaragi, Noi. "The Japanese Sentiment that Prevent Understanding: Cai Guo - Qiang's Great Wall Project." *Yomiuri Shimbun* 15 Mar. 1993.

Shinkawa Takashi. "Buried Civilization and Its Excavation Site." *Asahi Graph* (Tokyo) 19 Nov. 1993: 108.

Takeda, Hidaki. "Cai Guo - Qiang's Environment Art." *Japan Landscape* (Tokyo) May 1993: 74 - 77.

Tanaka, Sanzo. "Creativity Linked with the Great Wall: Cai Guo - Qiang's Long Mei Exhibiton." *Asahi Shimbun* 26 Jan. 1993 eve. ed.

Yamashita, Rika. "Beyond Time and Space, the Great Wall Bound for Voyage into the Universe." *STLUDA* May 1993: 13.

Wu, Mali. "Explosion Art of Cai Guo - Qiang." *Yishujia* (Taipei) Apr. 1993: 226 - 154.

1992   Arakawa Takashi. "Cai Guo - Qiang's anti-Documenta." *Esquire* (Japan) Oct. 1992: 138 - 139.

Fe, Dawei. "Exceptional Passage: Exhibition of Contemporary Chinese Artists." *Bijutsu Techo* (Tokyo) Feb. 1992: 142 - 145.

Kurabayashi Yasushi. "Cai Guo - Qiang's Project, Fetus Movement II: The Explosive Aftereffect of the "Event" Permeating Us and Society." *Studio Voice* (Tokyo) Sep. 1992: 77.

Serizawa Takashi. "Cai Guo - Qiang: What the Gunpowder Explosion Tells Us." *i-D Two* (Tokyo) Jan. 1992: 174 - 175.

Sanda , Haruo. "Vague Premonitions of Opening Up: Cai Guo - Qiang's Exhibition." *Mainichi* (Tokyo) 21 Oct. 1992 eve. ed.

Shinkawa, Takashi. "Cai Guo - Qiang's anti-Documenta." *Esquire* (Tokyo, Japan) Oct. 1992: 138 - 139.

1991   Kusumi Kiyoshi. "Cai Guo - Qiang: an Art Project to Depose Artistic isms." *Zero San* (Tokyo) Apr. 1991: 124

Masaru Sato. "Gunpowder Artist Hopes to Contact Other Worlds." *Asahi Shimbun* 11 Apr. 1991: 5.

Murata, Makoto. "What Can We See Through Exceptional Passages?" *d-ART* (Tokyo) Sept. 1991: 32 - 36.

Suzuki, Soshi. "Cai Guo Qiang: Primeval Fireball." *Bijutsu Techo* (Tokyo) Apr. 1991: 202 - 214.

Takami, Akihiko. "Breaking The Darkness: The Ceremony that Soars to the Sky." *Mainichi* (Tokyo) 14 Oct. 1991 eve. ed.

-- -- -- --. "Earthworks AD 2000: Feng Shui Masters on the Planet Earth." *Bijutsu Techo* (Tokyo) Nov. 1991: 80 - 93.

Yomo Yukiko. "Cai Guo - Qiang's Primeval Fireball is Based on the Organic Relationship Between the Universe and Humanity." *Asahi Journal* (Tokyo) Apr. 19, 1991: 36.

1990   Fe, Dawei. "Art in Chine demain pour hier." *Yishujia* [Artist] (Taipei) Sept. 1990: 165 - 174.

1988   Cai Guo - Qiang and You Jindong. "Painting with Gunpowder." *Leonardo* (San Francisco) No. 3 1988: 251 - 254.

附錄三、蔡國強作品於世界各地的主要收藏者
Selected Permanent Collections

Astrup Fernley Museum of Modern Art, Oslo, Norway

Annie Wong Art Foundation, Vancouver BC, Canada

Centre Pompidou, Paris, France

City of New York, USA*

City of Iwaki, Japan*

City of Mito, Japan*

Contemporary Art Gallery, Art Tower Mito, Japan

Dentsu, Caretta Shiodome, Tokyo, Japan*

Deste Foundation, Athens, Greece

Deutsche Bank Collection, Germany

Echigo-Tsumari Region, Niigata Prefecture, Japan*

Fogg Art Museum, Harvard University Art Museums, Cambridge, USA

Fondation Cartier pour l'art contemporain, Paris, France

Fonds National d'art Contemporain and Musee art contemporain Lyon, France

Fukuoka Asia Art Museum, Fukuoka, Japan

Glory Fine Arts Museum, Hsinchu, Taiwan

Graphische Sammlung Albertina Wien, Vienna, Austria

Guangdong Museum of Art, Guangzhou, China

Hirshhorn Museum and Sculpture Garden, Smithsonian Institution, Washington, D.C., USA

Ho-Am Art Museum, Seoul, Korea

Issey Miyake Inc., Japan

Iwaki City Art Museum, Japan

The Japan Foundation, Tokyo, Japan

Louisiana Museum of Modern Art, Humlebaek, Denmark

Ludwig Foundation, Germany

MARTa Herford, Herford, Germany

Modern Museum Stockholm, Sweden

Mori Art Center, Tokyo, Japan*

Museo Navale di Venezia, Venice, Italy

Museu de Arte Moderna da Bahia, Bahia, Brazil

Museum of Contemporary Art Tokyo, Japan

Museum of Modern Art, New York, USA

Museum of Modern Art, Saitama, Japan

Naoshima Contemporary Art Museum, Naoshima, Japan*

Queensland Art Gallery, Brisbane, Australia

Queens Museum of Art, New York, USA

Riiksmuseum, Kroller-Muller, Netherlands

San Diego Museum of Art, San Diego, USA

Setagaya Art Museum, Tokyo, Japan

The Shigaraki Ceramic Cultural Park, Shigaraki, Japan

Shiseido Co., LTD., Tokyo, Japan

Solomen R. Guggenheim Museum, New York, USA

Stadtische Galerie Nordhorn, Nordhorn, Germany*

S.M.A.K.: Stedelijk Museum voor Actuele Kunst, Gent, Belgium

Taiwan Museum of Art, Taichung, Taiwan

Takamatsu City Museum of Art, Takamatsu, Japan

Tate Collection, London, UK

Toki Messe Art Monument Project, Niigata Prefecture, Japan*

* Public Art

攝影師一覽表 Blaise Adilon

Shigro Anzai

Ela Bialkowska

Marco Bordignon

Jenni Carter

Jens Frederiksen

Mitsuo Fujitsuka

Marianne Gerber

Yoshihiro Hagiwara

Hertha Hurnaus

Hiro Ihara

Gensaku Izumiya

Masato Kobayashi

Richard Kempton

Kevin Kennefick

Jennifer Ma

Anthony Makinson

Carlos Mendes

Elio Montanori

Suisyo Moriguchi

France Morin

Masanobu Moriyama

Shinji Murakami

Kazuo Ono

Kunio Oshima

Dirk Pauwels

J.C. Pestano

Juan García Rosell

Jeff Rothstein

Yoshiro Shimono

Fritz Simak

Yuji Suzuki

Masatoshi Tatsumi

Kochi Watari

甲斐涉

新川貴詩

倪炎

陳品豪

臺灣國立美術館

臺北市立美術館

臺北當代藝術館

西班牙瓦倫西亞當代美術館 Institut Valencia d'Art Modern, Spain

德國馬爾他赫爾福特美術館 MARTa Herford, Germany

義大利 特倫多市立美術館 Galleria Civica di Arte Contemporanea Trento

義大利都靈卡斯特羅堡當代美術館 Castello di Rivoli Museo d'Arte Contemporanea, Turin, Italy

美國紐約古根漢美術館 Guggenheim Museum, New York, USA

法國卡地亞藝術基金會 Foundation Cartier pour l'art contemporain

日本P3藝術和環境研究院

蔡國強和女兒文悠在試驗蘑菇雲 1995 美國紐約 P.S.I 當代美術館工作室

國家圖書館出版品預行編目資料

蔡國強＝Cai Guo-Qiang

蔡國強／著. -- 初版.

-- 台北市：藝術家，2005〔民94〕

288面；21×29公分.

ISBN 986-7487-71-0（平裝）

1. 蔡國強——作品評論

2. 藝術——作品集

902.2   94023342

蔡國強
Cai Guo-Qiang

蔡國強著

責任編輯 ｜ 蔡國強工作室

封面設計 ｜ Dan Liu

封面照片提供 ｜ Juan Garcia Rosell, J.C. Pestano,
Institut Valencià d'Art Modern, Valencià, Spain

發行人 ｜ 何政廣

主編 ｜ 王庭玫

責任編輯 ｜ 謝汝萱、王雅玲、朱燕翔

美術編輯 ｜ 曾小芬

出版者 ｜ 藝術家出版社

台北市重慶南路一段147號6樓

TEL：（02）2371-9692～3

FAX：（02）2331-7096

郵政劃撥：01044798 藝術家雜誌社帳戶

總經銷 ｜ 藝術圖書公司

台北市羅斯福路三段283巷18號

TEL：（02）2362-0578 2362-9769

FAX：（02）2362-3594

郵政劃撥：00176200 帳戶

分社｜ 台南市西門路一段223巷10弄26號

TEL：（06）261-7268

FAX：（06）263-7698

台中縣潭子鄉大豐路三段186巷6弄35號

TEL：（04）2534-0234

FAX：（04）2533-1186

製版印刷　欣佑印刷

初版　2005年12月

定價　新台幣1200元

ISBN 986-7487-71-0